2021年度河北省哲学社会科学学术著

U0615326

"SHUANGXUNHUAN" XINGEJU XIA DE
GUONEI SHICHANG YITIHUA YU
CHUKOU JISHU FUZADU SHENGJI

"双循环"新格局下的国内市场一体化与出口技术复杂度升级

雷娜 著

中国金融出版社

责任编辑：王慧荣　明淑娜
责任校对：李俊英
责任印制：陈晓川

图书在版编目（CIP）数据

"双循环"新格局下的国内市场一体化与出口技术复杂度升级/雷娜著.—北京：中国金融出版社，2022.1
　ISBN 978 - 7 - 5220 - 1380 - 0

　Ⅰ.①双…　Ⅱ.①雷…　Ⅲ.①国内市场—经济一体化—影响—技术贸易—出口贸易—研究—中国　Ⅳ.①F723②F752.67

　中国版本图书馆 CIP 数据核字（2021）第 222021 号

"双循环"新格局下的国内市场一体化与出口技术复杂度升级
"SHUANGXUNHUAN" XINGEJU XIA DE GUONEI SHICHANG YITIHUA YU
CHUKON JISHU FUZADU SHENGJI

出版
发行　**中国金融出版社**

社址　北京市丰台区益泽路 2 号
市场开发部　（010)66024766，63805472，63439533（传真）
网上书店　www.cfph.cn
　　　　　　（010)66024766，63372837（传真）
读者服务部　（010)66070833，62568380
邮编　100071
经销　新华书店
印刷　保利达印务有限公司
尺寸　169 毫米 ×239 毫米
印张　13.5
字数　192 千
版次　2022 年 1 月第 1 版
印次　2022 年 1 月第 1 次印刷
定价　45.00 元
ISBN 978 - 7 - 5220 - 1380 - 0
如出现印装错误本社负责调换　联系电话　（010)63263947

前　言

改革开放以来，特别是加入世界贸易组织（WTO）后，中国借助自身丰富的劳动力和自然资源优势积极融入国际大循环，对外贸易快速增长。从1978年至2020年，中国进出口总额从355亿元提升至32.16万亿元人民币，年均增速近18%。出口额从1978年的占世界出口总额不足1%，上升至2020年的14.7%，① 已连续多年稳居货物贸易世界第一大出口国的位置，成为当之无愧的"世界工厂"和具有全球影响力的贸易大国。然而，在全球价值链分工体系中，中国仍然处于中低端位置，外贸"大而不强"问题依然突出。随着中国劳动力成本持续上升，资源、能源、环境约束加剧，支撑对外贸易快速发展的传统竞争优势逐步弱化，单纯依赖要素投入扩张出口的粗放型贸易增长模式已难以为继。同时，全球经济复苏步伐缓慢，国际市场需求持续低迷，贸易保护主义愈演愈烈，以及发展中国家凭借低成本优势在低端制造业的竞相崛起，使"中国制造"在国际市场遭受"双面夹击"，对外拓展空间难度增加。特别是2020年以来，新冠肺炎疫情在全球的持续大流行，进一步加大了国际贸易下行压力。在国内外诸多不利因素叠加交织的背景下，进一步提升制造业出口技术复杂度，使中国对外贸易由"量"的增长向"质"的发展转变，对中国破除全球价值链中低端锁定局面，实现贸易强国目标和经济持续稳定高质量发展具有重要意义。

党的十九届五中全会强调要"加快构建以国内大循环为主体、国内国际双循环相互促进的新发展格局"。在"双循环"新格局下，进一步加快国内市场一体化，畅通国内经济大循环，充分利用国内超大规模市场优势提升出口技术复杂度，成为中国实现贸易强国战略和经济高质量发

---

① 资料来源：中华人民共和国商务部网站。

展的可行路径和客观选择。近年来，随着中国改革开放日益深化，国内市场一体化水平已有大幅提升。众多研究表明，国内市场一体化对经济增长、区域发展和提高创新效率发挥了积极的促进作用。那么，中国国内市场一体化的推进是否提升了出口技术复杂度？其发挥作用的机制和途径又是什么？鲜有文献对此进行系统严谨的论述。基于此，本书试图从中国大国经济的特有优势出发，在对国内外相关文献进行综述与总结的基础上，对出口技术复杂度及国内市场一体化水平进行了更为准确的测算，系统阐释了国内市场一体化对出口技术复杂度的影响机制，并构建相应计量模型，实证检验了国内市场一体化对出口技术复杂度的影响效应及作用机制，最后提出相应的对策建议，明确下一阶段改革目标、任务和重点，以期对推进国内统一大市场建设，充分释放中国大国优势与潜力，实现制造业出口技术水平跃升作出一定的边际贡献。

本书按照"引言—文献综述—现状分析—理论分析—实证检验—总结展望"的研究思路逐层展开论述。引言部分通过对研究背景和意义的阐述明确研究目的与重点，指出研究意义与价值。文献综述部分为全书研究提供经验借鉴，并进一步明确本书研究方向。现状分析部分对出口技术复杂度及国内市场一体化水平进行了更为准确的测算，并对其发展现状及演变趋势进行了具体分析，直观判断二者之间的动态演进关系，为后文分析提供指标、数据支撑和现实基础。理论分析部分基于 Melitz（2003）的企业异质性贸易理论，运用数理模型阐释了国内市场一体化影响出口技术复杂度的微观机制，并对国内市场一体化影响出口技术复杂度的传导机制、门槛效应及空间溢出效应进行了理论探讨。在理论分析基础上，本书对国内市场一体化对出口技术复杂度的总体影响，行业、区域及时期异质性，以及国内市场一体化对出口技术复杂度影响的传导机制、门槛效应及空间溢出效应分别进行了实证检验。最后，进行总结并提出相应对策建议，指出有待解决的问题以及进一步研究的方向。

总结全书，得到一些具有启发性和参考价值的结论。

第一，从现状分析来看，中国各行业及省份出口技术复杂度均呈逐年上升趋势。在行业层面，多数技术密集型行业出口技术复杂度处于较高水平，但增长速度有待进一步提升。资本密集型行业出口技术复杂度提升速度最快，多数劳动密集型行业出口技术复杂度较低，且增长缓慢。金融危机后，除专用设备制造业及烟草制品业外，其他行业出口技术复杂度增长速度均出现下滑，其中计算机通信电子设备及仪器仪表制造业降幅最大。这说明中国计算机、通信电子设备等高技术产业缺乏核心竞争力，抗风险能力和成长性较差，更易受到外部需求变化的冲击，劳动密集型行业传统比较优势正在逐渐削弱，市场份额不断下降。在省份层面，东部发达省份出口技术复杂度处于较高水平，但增长速度相对缓慢，向更高水平迈进难度加大。西部地区出口技术复杂度最低，但增长迅速。金融危机后，全部省份出口技术复杂度增长速度均出现不同程度的下滑，其中北京、上海、广东和江苏等东部省份降幅最大，说明中国东部地区对外依存度过高，出口产品附加值相对较低，抵御外部风险能力较差。近年来，发挥"领头羊"作用的省份有所减少，且仍有少数省份出口技术复杂度集处于低水平；国内市场一体化水平虽然在个别年份出现较大波动，但总体呈不断上升趋势。东、中、西部三大区域及各省份与全国总体市场一体化水平及变动趋势基本相同。从区域平均值来看，市场一体化水平最高的为中部地区，其次为东部地区和西部地区，这与现有相关文献结论一致。面板单位根检验显示，国内市场一体化趋势是有规律的收敛过程，关于国内市场一体化水平日趋提升的结论是稳健可靠的。中国出口技术复杂度与国内市场一体化水平变化趋势总体一致，二者之间具有一定内在联系，并表现出正向关联特征。

　　第二，在理论分析方面，首先，本书基于 Melitz（2003）的企业异质性贸易理论，构建数理模型阐释了国内市场一体化影响出口技术复杂度的微观机制，模型推导结果表明，国内市场一体化对企业出口深度和广度具有正向影响，并且企业产品技术复杂度越高，市场一体化对其出口深度和广度影响越大。因此，国内市场一体化可以促进高出口技术复杂度企业增加出口，从而促进出口技术复杂度的整体提升。由于中国各行业要素密集度存在差异，区域经济发展具有非均衡性以及金融危机后国际贸易环境和国内经济形势发生较大变化，市场一体化对出口技术复杂度的影响可能存在行业、区域及时期异质性。其次，本书基于经济学、国际贸易学和新制度经济学等学科理论知识对国内市场一体化影响出口技术复杂度的传导机制进行了理论分析，认为市场一体化可以通过成本节约效应、需求驱动效应、技术创新效应和制度改进效应等传导机制促进出口技术复杂度提升。再次，本书基于门槛效应的理论分析表明，国内市场一体化对出口技术复杂度提升作用的大小受到市场一体化、经济发展、技术创新和技术市场发展等条件的约束，只有当市场一体化、经济发展、技术创新和技术市场发展达到一定水平时，市场一体化对出口技术复杂度提升的积极效应才能充分释放。最后，本书基于新经济地理学的基本理论分析了国内市场一体化影响出口技术复杂度的空间溢出效应，认为随着市场一体化水平的提升，出口技术复杂度的"扩散效应"和"极化效应"同时产生，空间溢出效应的正负取决于何种效应居于主导地位。

第三，实证分析表明，中国国内市场一体化显著且稳健地促进了出口技术复杂度提升。市场一体化对技术密集型行业出口技术复杂度的提升作用最为突出，对资本密集型行业的影响次之，对劳动密集型行业的影响效应最小。中部及西部地区市场一体化对出口技术复杂度存在显著的积极影响，而东部地区市场一体化对出口技术复杂度的提升作用不显著。金融危机后国内市场一体化对出口技术复杂度的促进作用显著提高，说明在国际市场需求持续低迷和全球经贸风险及不确定性加剧的背景下，国内市场一体化对出口技术复杂度的提升发挥了更为积极重要的作用；市场一体化可以通过成本节约效应、需求驱动效应、技术创新效应和制度改进效应等传导机制促进出口技术复杂度提升，四类中介效应在总效应中所占比重依次为 6.54%、18.69%、40.19% 和 29.90%，表明市场一体化通过推进技术创新进而促进出口技术复杂度提升的机制最为有效，制度改进和需求驱动的中介效应次之，成本节约的中介作用最小；市场一体化对出口技术复杂度的影响具有门槛效应和非线性特征，市场一体化水平只有跨越一定的门槛才会对出口技术复杂度提升发挥积极作用。同时，市场一体化对出口技术复杂度的提升作用还受到经济发展、技术创新和技术市场发展的约束。只有在经济发展、技术创新和技术市场发展达到一定门槛值时，市场一体化对出口技术复杂度的积极效应才能充分释放，并且随着经济发展水平、技术创新能力和技术市场发展水平的提高，这种促进作用将越来越强；市场一体化对出口技术复杂度的影响具有显著的正向空间溢出效应，表明市场一体化对出口技术复杂度影响的"扩散效应"大于其带来的"极化效应"。市场一体化的空间溢出效应在总效应中所占比重达到 72.36%，成为驱动出口技术复杂度提升的重要因素。

与现有相关成果比较，本书的创新与贡献主要体现在以下四个方面。

研究视角方面。尽管已有文献从多重视角对出口技术复杂度的影响因素进行了探讨，但多数研究缺乏对中国特有"内部因素"的深度剖析，尤其是关注国内市场一体化对出口技术复杂度的提升作用的文献偏少。在国内经济转型升级的关键时期和全球经贸风险及不确定性加剧的背景下，立足中国特有大国经济优势，深入探讨国内市场一体化对出口技术复杂度的影响效应与机制，寻求推进中国外贸转型发展的有效途径，具有重要的理论与现实意义，在研究视角上具有一定的创新性。

研究内容方面。现有研究成果对国内市场一体化影响出口技术复杂度的理论机制缺乏系统、全面的分析，本书初步构建了国内市场一体化影响出口技术复杂度的理论分析框架，深化了对市场一体化影响出口技术复杂度内在规律的认识和理解，丰富和发展了对出口技术复杂度影响因素及其作用机制的理论研究。同时，本书从整体、行业、区域及时期四个维度实证检验了国内市场一体化对出口技术复杂度的影响效应，并对国内市场一体化与出口技术复杂度二者之间的非线性关系以及空间关联效应进行了实证考察，在研究内容上更加深入和全面。

指标测算方面。本书依据新的国民经济行业分类标准，整理了中国制造业行业分类与 HS 四位编码商品的对应关系，将 HS 四位编码商品出口数据归类汇总到相应制造业行业中，并基于修正的 RCA 指数法剔除了加工贸易带来的指标测算偏差，更为真实准确地反映了中国制造业各行业及省份层面的出口技术复杂度；同时，在保持数据连贯性及统计口径一致性的前提下，选取12类商品的零售价格指数进行市场一体化指标测算，商品种类覆盖面更为广泛，增强了市场一体化指数的代表性。

实证方法方面。本书采用中介效应模型替代多数文献使用的交互项方法，对市场一体化影响出口技术复杂度的传导机制进行了实证考察，并采用面板门槛模型替代多数文献引入变量平方项或人为划分样本区间的方法，实证检验了市场一体化与出口技术复杂度之间的非线性关系，还进一步考虑了经济活动的空间相关性，采用多种空间计量分析技术与偏微分效应分解方法验证了国内市场一体化对出口技术复杂度影响的空间溢出效应。在实证研究方法上弥补了已有相关研究的缺陷和不足，从而得到更加具体、深刻和可靠的结论。

目　　录

图

1

表

第1章 引　　言

本章对全书研究主题进行概述，为后续研究的开展起到提纲挈领的作用。具体结构安排如下：第 1.1 节阐述本书研究背景与意义，明确研究目的与重点；第 1.2 节阐述本书研究思路与主要内容；第 1.3 节介绍本书研究方法；第 1.4 节指出本书可能的创新点。

1.1　研究背景与意义

1.1.1　研究背景

改革开放 40 多年来，中国凭借丰富的劳动力和自然资源优势积极参与国际分工，对外贸易快速增长。1978 年至 2020 年，按人民币计价，中国进出口总额从 355 亿元提升至 32.2 万亿元，年均增速近 18%。出口额从 1978 年占世界出口总额的不足 1%，上升至 2020 年的 14.7%，出口额占国内生产总值（GDP）的比重接近 18%。自 2009 年超越德国以来，中国已连续多年稳居货物贸易世界第一大出口国，市场遍布 230 多个国家和地区，成为当之无愧的"世界工厂"和具有全球影响力的贸易大国。随着出口总量的扩张，中国出口贸易结构也发生了深刻变化。改革开放之初，中国初级产品占出口总额比重高达 50%，主要以出口资源产品及劳动密集型产品为主。2020 年，工业制成品在出口总额中所占比重达 95.5%。加工贸易比重在 1998 年达到历史最高点 53.4%，2020 年已降至 23.8%。随着经济结构调整和产业转型升级，中国资本、技术密集型产品出口比重不断增加。如图 1.1 所示，2020 年，中国机电产品出口约 10.7 万亿元，所占比重达 59.4%，占据中国对外贸易的半壁江山。高新技术产品出口 5.4 万亿元，占整体出口的 29.9%。"8 亿件衬衫换飞机"

的时代早已终结。①

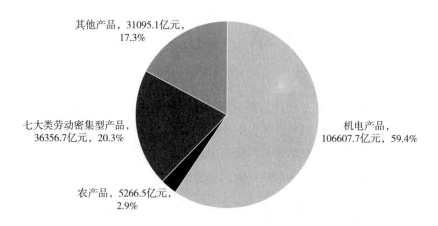

其他产品，31095.1亿元，17.3%

七大类劳动密集型产品，36356.7亿元，20.3%

农产品，5266.5亿元，2.9%

机电产品，106607.7亿元，59.4%

图 1.1　2020 年中国主要出口商品金额及占比

[资料来源：商务部《中国对外贸易形势报告（2021 年春季）》]

中国对外贸易虽然取得了举世瞩目的成就，但也面临着问题与挑战。一方面，在全球产业链和价值链分工体系中，西方发达国家依托技术、品牌等优势，控制了上下游高附加值产业或生产环节，中国仍然处于中低端位置，一些核心关键技术和装备还依赖进口，对外贸易增长依然具有十分明显的粗放型特征。"中国制造"风靡全球的背后是资源的消耗、环境的污染、结构的失衡和微薄的回报，"依赖廉价劳动""缺乏国际品牌""产品附加值低"仍然是"中国制造"在国际市场上的代表性标签。由于技术水平相对落后、自主研发创新能力不足以及发达国家和跨国公司对市场和资源的控制与垄断，中国制造业面临着全球价值链"中低端锁定"和"被俘获"的风险（吕越等，2018）。另一方面，全球经济复苏步伐缓慢，国际市场需求持续低迷，贸易保护主义愈演愈烈以及东南亚等发展中国家凭借低成本优势在低端制造业的竞相崛起，使"中国制造"在国际市场遭受"双面夹击"，对外拓展空间难度增加。尤其是2018 年以来，中美贸易摩擦和争端不断升级，对中国对外贸易持续稳定发展造成了一定的冲击。随着中国劳动力成本持续上升，资源、能源、

① 数据来源：中华人民共和国商务部网站。

环境约束加剧，支撑对外贸易快速发展的传统竞争优势逐步弱化，单纯依赖要素投入扩张出口的粗放型贸易增长模式已难以为继。在国内外诸多不利因素叠加交织的新常态背景下，中国应如何破除全球价值链"中低端锁定"，打造国际竞争新优势，加快由贸易大国向贸易强国转变，是亟待解决的重要课题。

出口技术复杂度作为代表出口商品结构、技术水平和生产效率的重要指标（Hausmann，2005），为研究一国或地区国际分工地位与国际竞争力提供了一个良好的分析工具。在中国经济由高速增长转向高质量发展的关键时期，进一步提升出口技术复杂度，使中国对外贸易由"量"的增长向"质"的发展转变，对中国实现贸易强国战略和经济转型发展具有重要意义。尽管已有文献从多重视角对出口技术复杂度的影响因素进行了探讨，但多数研究缺乏对中国特有"内部因素"的深度剖析。根据Krugman（1980）的"本地市场效应"理论，国内大量需求形成的规模经济效应是影响出口竞争力的重要因素。在大国高度一体化的国内市场中，处于不同发展阶段、具有不同发展条件和比较优势的地区可以通过分工协作，互通有无，拓宽市场，依靠规模经济提升产业国际竞争力（陈敏等，2008）。在外贸受阻的条件下，企业虽然在国际市场上丧失了规模收益，但依然能够凭借巨大的国内市场需求保持规模经济的相对优势。中国约有世界18%的人口，有着庞大的国内市场和消费潜力，这是任何经济体都无可比拟的巨大优势。依托广阔的国内市场提升出口技术复杂度，构建国际市场竞争优势，成为中国外贸转型发展的可行路径。

然而，不可忽略的是，内需的扩大以及规模经济的形成都依赖于高度统一的国内市场。国内市场分割及地方保护等因素将抑制市场竞争，限制市场规模，削弱各产业国际竞争力。因此，国内市场一体化是中国发挥大国经济优势的前提条件。20世纪70年代末，中国以分权为特征的经济体制改革强化了地方政府发展经济的巨大热情和积极性，但同时也造成了重复建设和产业趋同，引发省际贸易壁垒高筑和地方保护主义滋生蔓延。各地为保护本地资源与市场各自为战，形成了零碎分割的"诸侯经济"（银温泉和才婉如，2001）。20世纪90年代后，中国在消除地方保护和加快推进国内市场一体化方面作出了积极努力，相继出台相关法律法规和制度措施。1993 年我国颁布《反不正当竞争法》，其中第七条规定："政府及其所属部门不得滥用行政权力，限定他人购买其指定的经营者的商品，限制其他经营者正当的经营活动。政府及其所属部门不得滥用行政权力，限制外地商品进入本地市场，或者本地商品流向外地市场"。① 同年，在党的十四届三中全会作出的《中共中央关于建立社会主义市场经济体制若干问题的决定》中强调，要"建立全国统一开放的市场体系"。2001 年《国务院关于禁止在市场经济活动中实行地区封锁的规定》发布，就建立和完善全国统一、公平竞争、规范有序的市场体系，禁止市场经济活动中的地区封锁行为，破除地方保护，维护社会主义市场经济秩序作出了具体规定。2003 年党的十六届三中全会作出的《中共中央关于完善社会主义市场经济体制若干问题的决定》将"加快建设全国统一市场"确定为一项重要改革任务。2007 年我国颁布《反垄断法》，其中第三十二条至第三十七条明令禁止行政机关和公众组织滥用行政权力，排除、限制竞争的行为。2013 年党的十八届三中全会通过的《中共中央关于全面深化改革若干重大问题的决定》明确指出，"建设统一开放、竞争有序的市场体系，是使市场在资源配置中起决定性作用的基础"。2016 年国务院印发《关于在市场体系建设中建立公平竞争审查制度的意见》，提出了建立公平竞争审查制度的总体要求和基本原则，着力打破地域分割和行业垄断，清除妨碍统一市场建设和公平竞争的各种"路障"。2018 年发布的《中共中央　国务院关于建立更加有效的区域协调发展新机制的意见》，强调要"健全市场一体化发展机制"。2020 年《中共中央　国务院关于构建更加完善的要素市场化配置体制机制的意见》出台，提出要"坚持深化市场化改革、扩大高水平开放，破除阻碍要素自由流动的体制机制障碍"。2021 年中共中央办公厅、国务院办公厅发布

---

① 《中华人民共和国反不正当竞争法》由 1993 年 9 月 2 日第八届全国人民代表大会常务委员会第三次会议通过，2017 年 11 月 4 日第十二届全国人民代表大会常务委员会第十三次会议修订，根据 2019 年 4 月 23 日第十三届全国人民代表大会常务委员会第十次会议《关于修改〈中华人民共和国建筑法〉等八部法律的决定》修正。

《建设高标准市场体系行动方案》，明确强调要"全面完善公平竞争制度"，"加强和改进反垄断与反不正当竞争执法"，"破除区域分割和地方保护"。一系列相关法律法规政策的颁布实施，为推进国内统一大市场建设提供了重要制度保障和政策支持，现代市场体系逐步建立并不断完善，地区间贸易壁垒逐渐破除，商品和要素跨区域流动明显增强，国内市场一体化水平大幅提升（盛斌和毛其淋，2011；范欣等，2017）。

众多研究表明，国内市场一体化对经济增长、区域发展和提高创新效率发挥了积极的促进作用。那么，中国国内市场一体化的推进是否也提升了出口技术复杂度？其发挥作用的机制和途径又是什么？鲜有文献对此进行系统严谨的论述。基于此，本书试图从中国大国经济的特有优势出发，探索国内市场一体化对出口技术复杂度影响的"黑箱"，在系统阐释国内市场一体化对出口技术复杂度影响机制的基础上，构建相应计量模型，实证检验国内市场一体化对出口技术复杂度的影响效应与机制，以期为中国加快国内统一大市场建设，有效提升出口技术复杂度，实现贸易强国目标和经济高质量发展目标提供决策依据。

1.1.2　研究意义

在国内经济转型升级的关键时期和全球经贸风险及不确定性加剧的背景下，立足中国特有的大国经济优势，深入探讨国内市场一体化对出口技术复杂度的影响效应与机制，具有重要的理论价值与现实意义。

一方面，随着国内外形势的深刻变化，中国对外贸易以量取胜、以廉取胜的发展模式已不可持续。如何进一步提升出口技术复杂度，使对外贸易由数量扩张向质量提升与结构优化转变，成为当前对外贸易领域的研究热点。尽管已有文献从多重视角对出口技术复杂度的影响因素进行了卓有成效的研究并取得了丰硕成果，但鲜有文献对国内市场一体化与出口技术复杂度之间的关系进行系统严谨的论述与探讨。本书尝试构建利用国内统一大市场提升出口技术复杂度的理论分析框架，深刻揭示国内市场一体化对出口技术复杂度的影响机制，拓宽国内市场一体化和出口技术复杂度的理论研究视野，在一定程度上丰富了中国特色对外贸易理论，对中国等正处于经济转型时期的发展中国家具有重要的理论意义和指导性。

　　另一方面，统一强大的国内市场不仅是国际经济博弈的重要筹码，而且是一国经济良性循环的重要基石。当前高度依赖投资和外需的传统经济增长模式已趋近极限，健全市场一体化发展机制，培育壮大国内市场，激发释放消费潜能，成为中国经济政策的重要导向。而加快转变外贸发展方式，提升产业链和价值链国际分工地位，实现从贸易大国向贸易强国转变也是中国外贸发展的重要目标与任务。在此背景下，研究国内市场一体化对出口技术复杂度的影响效应与机制，深入剖析大国经济效应充分释放与出口技术复杂度提升的障碍因素，并提出有针对性的政策建议，对于推进国内统一市场体系建设，充分发挥中国大国优势与潜力，实现贸易强国目标和经济持续稳定高质量发展目标具有重要的现实意义和应用价值。

1.2　研究思路与内容

1.2.1　研究思路

　　本书按照"引言—文献综述—现状分析—理论分析—实证检验—总结展望"的研究思路逐层展开论述。引言部分通过对研究背景和意义的阐述明确研究目的与重点，指出研究意义与价值。文献综述部分为全书研究提供经验借鉴，并进一步明确研究方向。现状分析部分对出口技术复杂度及国内市场一体化水平进行了更为准确的测算，并对其发展现状及演变趋势进行了具体分析，直观判断二者之间的动态演进关系，为后文分析提供指标、数据支撑和现实基础。理论分析部分基于 Melitz（2003）的企业异质性贸易理论，运用数理模型阐释了国内市场一体化影响出口技术复杂度的微观机制，并对国内市场一体化影响出口技术复杂度的传导机制、门槛效应及空间溢出效应进行了理论探讨。在理论分析的基础上，本书对国内市场一体化对出口技术复杂度的总体影响，行业、区域及时期异质性，以及国内市场一体化对出口技术复杂度影响的传导机制、门槛效应及空间溢出效应分别进行了实证检验。最后，进行总结并提出相应的对策建议，指出有待解决的问题以及进一步研究的方向。本书技术路线如图 1.2 所示。

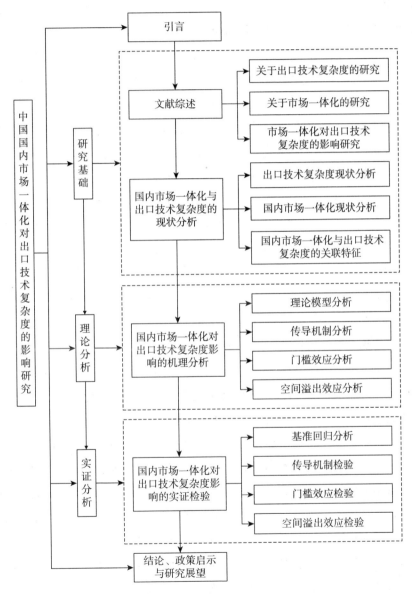

图 1.2 技术路线

1.2.2 研究内容

基于上述研究思路，本书主要内容和结构安排如下。

第1章，引言。阐述全书研究背景和意义、研究思路与研究内容，介绍全书研究方法，指出全书可能的创新之处。

第2章，文献综述。对出口技术复杂度、市场一体化以及市场一体化对出口技术复杂度影响的相关研究成果进行梳理与总结，为全书研究提供经验借鉴和参考，并进一步明确值得深入研究的方向。

第3章，国内市场一体化与出口技术复杂度的现状分析。对中国制造业各子行业，劳动密集型、资本密集型和技术密集型三大类行业，不同省份和东、中、西部三大区域的出口技术复杂度进行测算，同时对全国总体，东、中、西部三大区域及各省份市场一体化水平进行测算，深入分析中国出口技术复杂度和国内市场一体化的发展现状及变化趋势，直观判断二者之间的动态演进关系，为后文分析提供指标、数据支撑和现实基础。

第4章，国内市场一体化对出口技术复杂度影响的机制分析。基于Melitz（2003）的企业异质性贸易理论，运用数理模型分析了国内市场一体化影响出口技术复杂度的微观机制，同时对国内市场一体化影响出口技术复杂度的传导机制、门槛效应及空间溢出效应进行了系统阐释，初步构建国内市场一体化影响出口技术复杂度的理论分析框架，并提出相应研究假设，为后文实证分析提供理论支撑。

第5章，国内市场一体化对出口技术复杂度影响的实证检验。在第3章指标测算及第4章机制分析的基础上，建立相应的计量模型对理论预期进行实证检验。首先，建立基准回归模型，检验国内市场一体化对出口技术复杂度的总体影响，并对市场一体化影响出口技术复杂度的行业、区域及时期异质性进行实证检验，从不同角度和层面探寻提升出口技术复杂度的差异化政策；其次，建立中介效应模型，对国内市场一体化影响出口技术复杂度的传导机制进行实证考察，测算并分析比较各类传导机制中介效应的大小，探索通过市场一体化提升出口技术复杂度的有效途径与机制；再次，建立面板门槛模型，实证检验国内市场一体化对出口技术复杂度影响的门槛效应，精细刻画二者之间更为复杂的非线性关系，剖析市场一体化积极效应充分释放与出口技术复杂度提升的约束机制；最后，进一步选取将经济活动空间相关性考虑在内的空间计量模型，实证检验国内市场一体化对出口技术复杂度影响的空间溢出效应，从空间维度寻求扩大市场一体化对出口技术复杂度提升效应的可行路径及政策。

第 6 章，结论、政策启示与研究展望。总结前文现状分析、理论分析和实证分析所得的主要研究结论，依此提出具有较高应用价值的政策建议，并指出有待解决的问题以及进一步研究的方向。

1.3　研究方法

本书以经典经济学及国际贸易学理论为基础，充分借鉴新制度经济学、产业经济学、新经济地理学等多学科知识，通过规范分析与实证分析相结合，定性分析与定量分析相结合以及比较分析、数量分析等研究方法，将理论分析与实证研究紧密结合，从而更加全面、系统地考察中国国内市场一体化对出口技术复杂度的影响，增强研究结论的科学性、准确性和可靠性。

（1）规范分析与实证分析相结合。本书首先运用规范分析方法对出口技术复杂度和市场一体化的相关研究成果进行梳理和评价，从中发现已有研究的不足与缺陷，并以此为突破口，寻找合适的研究角度、思路和方法。在现状分析部分，本书主要运用实证分析方法考察了出口技术复杂度和国内市场一体化的发展现状及变化趋势。在理论分析部分，本书主要基于规范分析方法，结合经济学、国际贸易学等学科经典理论，系统阐释了国内市场一体化对出口技术复杂度的影响机制。在理论分析框架基础上，本书运用实证分析方法，构建相应的计量模型，实证检验了国内市场一体化对出口技术复杂度的总体影响，行业、区域及时期异质性影响，以及国内市场一体化影响出口技术复杂度的中介效应、门槛效应和空间溢出效应。最后，运用规范分析方法提出相应的政策建议。

（2）定性分析与定量分析相结合。本书以定性分析为基础，重视定量分析方法的运用。定性分析主要体现在对出口技术复杂度和国内市场一体化的概念界定，测算方法选择，以及国内市场一体化对出口技术复杂度影响机制的逻辑分析方面。在对出口技术复杂度和国内市场一体化的发展现状、变化趋势进行分析时，本书采用了定性分析与定量分析相结合的方法，运用表格、图形、数据等多种形式对指标测算结果进行解读，并总结其发展变化规律和异质性特征。在运用计量模型分析考察国内市场一体化与出口技术复杂度之间的数量关系时，主要使用了定量分析方法，在此基础上进行更高层次的定性分析，从而得到相应结论和政策启示。

（3）比较分析法。本书对中国制造业各子行业，劳动密集型、资本密集型和技术密集型三大类行业，不同省份及不同时间阶段的出口技术复杂度情况进行对比分析，以衡量出口技术复杂度发展变化的行业、区域及时期差异性特征；对中国不同省份，东、中、西部三大区域及不同时间阶段的市场一体化水平进行比较分析，总结国内市场一体化发展变化的区域差异性和阶段性特征；在实证分析中，比较分析不同行业、地区及时期市场一体化对出口技术复杂度的影响效应有无差别，比较分析各类传导机制中介效应的大小，从而探寻提升出口技术复杂度的差异化路径及战略，探索通过市场一体化提升出口技术复杂度的有效途径与机制。

（4）数量分析法。在理论分析部分，本书基于 Melitz（2003）的企业异质性贸易理论，构造数理模型阐释了国内市场一体化影响出口技术复杂度的微观机制。在实证分析部分，本书综合采用了多种计量分析方法。首先，利用固定效应模型对国内市场一体化对出口技术复杂度的总体影响，行业、区域及时期异质性进行了实证检验，同时利用两阶段最小二乘法（2SLS）对回归结果进行了稳健性检验；其次，建立中介效应模型，对市场一体化影响出口技术复杂度的传导机制进行了实证考察；再次，采用面板门槛模型实证检验了国内市场一体化对出口技术复杂度影响的门槛效应和非线性特征；最后，将空间杜宾模型（SDM）和偏微分效应分解方法相结合，考察了国内市场一体化对出口技术复杂度影响的空间溢出效应。

1.4　可能的创新点

与现有相关成果比较，本书可能的创新与贡献主要体现在以下四个方面。

（1）研究视角方面。尽管已有文献从多重视角对出口技术复杂度的影响因素进行了探讨，但多数研究缺乏对中国特有"内部因素"的深度剖析，尤其是关注国内市场一体化对出口技术复杂度提升作用的文献偏少。在国内经济转型升级的关键时期和全球经贸风险及不确定性加剧的背景下，立足中国特有大国经济优势，深入探讨国内市场一体化对出口技术复杂度的影响效应与机制，寻求推进中国外贸转型发展的有效途径，具有重要的理论与现实意义，在研究视角上具有一定创新性。

（2）研究内容方面。现有研究成果对国内市场一体化影响出口技术复杂度的理论机制缺乏系统、全面的分析，本书初步构建了国内市场一体化影响出口技术复杂度的理论分析框架，深化了对市场一体化影响出口技术复杂度内在规律的认识和理解，丰富和发展了对出口技术复杂度影响因素及其作用机制的理论研究。同时，本书从整体、行业、区域及时期四个维度实证检验了国内市场一体化对出口技术复杂度的影响效应，并对国内市场一体化影响出口技术复杂度的传导机制，二者之间的非线性关系以及空间关联效应进行了实证考察，研究内容更加深入和全面。

（3）指标测算方面。本书依据新的国民经济行业分类标准，整理了中国制造业行业分类与 HS 四位编码商品的对应关系，将 HS 四位编码商品出口数据归类汇总到相应制造业行业中，并基于修正的 RCA 指数法剔除了加工贸易带来的指标测算偏差，更为真实准确地反映了中国制造业各行业及省份层面的出口技术复杂度；同时，在保持数据连贯性及统计口径一致性的前提下，选取 12 类商品的零售价格指数进行市场一体化指标测算，商品种类覆盖面更为广泛，提高了市场一体化指数的代表性。

（4）实证方法方面。本书采用中介效应模型替代多数文献使用的交互项方法，对市场一体化影响出口技术复杂度的传导机制进行了实证考察，并采用面板门槛模型替代多数文献引入变量平方项或人为划分样本区间的方法，实证检验了市场一体化与出口技术复杂度之间的非线性关系，还进一步考虑了经济活动的空间相关性，采用多种空间计量分析技术与偏微分效应分解方法验证了国内市场一体化对出口技术复杂度影响的空间溢出效应。实证研究方法弥补了已有相关研究的缺陷和不足，从而得到更加具体、深刻和可靠的结论。

第 2 章　文献综述

　　为了对国内市场一体化和出口技术复杂度以及二者之间的关系形成直观、全面的认识，本章将对国内外相关研究成果进行梳理和总结，为全书研究提供经验借鉴和参考，并找出值得进一步深入研究的方向。本章结构安排如下：2.1 节系统梳理国内外学者关于出口技术复杂度的概念界定、测算方法以及出口技术复杂度影响因素等方面的研究成果；2.2 节系统梳理国内外学者关于市场一体化的概念界定、测算方法以及市场一体化影响效应等方面的研究成果；2.3 节进一步综述国内市场一体化对出口技术复杂度的影响方面涉及的相关研究成果；2.4 节对现有研究进行总结和简要评述，从而归纳出本书下一步研究方向与重点。

2.1　关于出口技术复杂度的研究

2.1.1　出口技术复杂度的概念界定

　　关于出口贸易的早期研究多集中于出口数量的增长，近年来，国内外学者的研究重点逐渐从出口贸易总量增加转移到出口结构和质量提升领域。出口技术复杂度则是近年来出现的反映出口结构、技术水平和出口竞争力的一个重要概念。由于国际贸易学界对出口技术复杂度的研究时间相对较短，目前仅有少数国外学者对其概念进行了界定，国内学者对这一概念进行具体表述的则更少。

　　Hausmann（2003，2005）最早用复杂度（sophistication）这一概念来代表产品技术含量，并在其随后研究中将这一概念运用到国际贸易领域，形成出口技术复杂度的概念。Hausmann 等（2005）认为，出口技术复杂度是出口产品种类、技术含量以及生产效率的综合反映，一国出口产品的复杂度越高，则表明该国生产出口产品的技术水平越高。[①] Lall 等（2006）认为出口技术复杂度涵盖了技术水平、产品细分、资源禀赋和产品营销等一系列因素，是对贸易模式和出口绩效的综合反映，一国出口产品必须具备较高的复杂度，才能保持在国际市场上的竞争力。Rodrik（2006）对出口技术复杂度的内涵作出了更加具体的阐述，认为出口技术复杂度是高品质、高技术含量、高附加值产品在出口中所占的比重，反映了出口贸易的技术结构和出口国在国际分工中的地位。一国出口技术复杂度越高，在国际分工体系中的地位就越高。Xu（2010）将产品质量纳入出口技术复杂度内涵中，认为高技术复杂度产品不仅有更高的技术含量，还具有更高的质量水平。陈晓华等（2011）认为出口技术复杂度刻画了高中低技术产品在出口中所占的比重，反映了一国整体出口技术结构，一国或某产业高技术产品所占比例越高，出口技术复杂度越高。

由此可见，现有文献对出口技术复杂度的解释并不完全相同，但是其核心思想和基本内涵是一致的。本书沿用 Hausmann 等（2005）的定义，认为出口技术复杂度是反映出口产品种类、技术含量以及生产效率的综合指标。不同层面的出口技术复杂度代表着一个国家（地区）、产业（行业）以及企业（产品）的出口技术水平及分工中所处的地位，也在一定程度上反映了经济体的经济发展方式（陈晓华和沈成燕，2015）。出口技术复杂度这一概念的出现，为国际分工格局、产业链转移以及新兴经济体贸易结构优化等国际贸易领域热点问题研究提供了新的研究视角与分析工具。

2.1.2 出口技术复杂度的测算方法

出口技术复杂度概念提出后，诸多学者基于不同理论基础构建了多样化的测算方法。本部分将对国内外出口技术复杂度的测算方法进行归纳整理与比较分析，从而选出测算出口技术复杂度的最佳手段。

---

① 国内也有文献将出口技术复杂度称为"出口复杂度"或"出口技术水平"，二者与出口技术复杂度在概念界定及指标测算方法上无太大区别。

2.1.2.1　出口相似性指数测算法

Schott（2008）在 Finger 和 Kreinin（1979）的研究的基础上构造了出口相似性指数（Export Similarity Index，ESI）来测算出口技术复杂度，即以一国与参照国（通常为高出口技术复杂度的发达国家）出口结构重叠或相似程度（或偏差程度）作为衡量出口技术复杂度高低的指标。若一国与参照国出口结构相似程度越高或偏差程度越小，则该国出口技术复杂度越高；反之，则越低。ESI 计算公式为

$$ESI_{ab} = \sum_k \min(S_{ak}, S_{bk}) \tag{2.1}$$

其中，S_{ak} 和 S_{bk} 分别为 a 国和 b 国出口产品 k 在总出口中所占比重。若 $ESI_{ab} = 0$，则两国出口产品结构完全不同；若 $ESI_{ab} = 1$，则表明两国出口产品结构完全相同。ESI_{ab} 越大，表明该国与参照国出口产品结构越相似，出口技术复杂度越高。一般参照国出口技术复杂度越高，测算结果越精确。在研究中多选择美国或欧盟作为高出口技术复杂度参照主体。例如，周禄松和郑亚莉（2014）选择 2012 年美国产业出口数据作为参照标准，利用出口相似性指数测算了 2002—2012 年中国各省区域资本和劳动密集型产业的出口技术复杂度，得出中国各省资本和劳动密集型产业出口技术复杂度均在不断提升的结论。

Wang 和 Wei（2007）从相反的角度构建了出口非相似性指数（Export Dissimilarity Index，EDI），并比较了中国与美国、日本和欧盟的出口技术结构，EDI 计算公式为

$$EDI_{ab} = 100\left(\sum_k |S_{ak} - S_{bk}|\right) \tag{2.2}$$

EDI 通过 S_{ak} 与 S_{bk} 之差的绝对值来比较两国出口技术复杂度，EDI_{ab} 越大，表明该国与参照国出口产品结构越不相似，出口技术复杂度越低。Wang 和 Wei（2007）证明了 EDI 与 ESI 之间具有一一对应的关系。

出口相似性指数测算法适用于衡量出口技术水平落后国对先进国的追赶程度，当前者出口产品份额超越后者，出口相似性指数便不会改变。即使两国出口产品类别及所占市场份额完全相同，两国出口产品质量及技术含量仍然可能存在一定的差异。根据新贸易理论，大国能够生产和出口更多种类的产品，因此该方法忽略了国家规模可能产生的影响。同

时该指数的大小还依赖于出口产品细分程度，细分程度越高，该指标就越小。因此，出口相似性指数只能衡量一国与参照国在出口技术复杂度上的差距，并不能准确判断该国真实的出口技术水平，因而没有得到广泛应用。

2.1.2.2 市场份额测算法

该方法以一国特定产品出口额占世界该产品出口总额的比重为权数，对各国人均国内生产总值（GDP）进行加权平均来测算出口技术复杂度。这种方法假设出口技术复杂度与一国收入水平密切相关，认为高收入国家的出口产品嵌入了生产者的高工资，该产品要在世界市场获得竞争优势，就必须具有较高的生产率。因此，一国平均收入水平越高，出口产品就越"复杂"。具体测算方法如下。

首先，以一国某产品出口额占世界出口总额的比重为权数，对各国人均 GDP 进行加权平均，计算产品层面的出口技术复杂度指数 SS_k，计算公式为

$$SS_k = \sum_c \frac{x_{ck}}{\sum_c x_{ck}} Y_c \qquad (2.3)$$

式中，c 表示国家，k 表示产品，x_{ck} 表示 c 国 k 产品的出口额，Y_c 表示 c 国人均 GDP。

其次，以该国每种产品出口额占该国出口总额的比重为权数，对相应产品出口技术复杂度指数进行加权平均，从而得到一国出口技术复杂度 TSI_c，计算公式为

$$TSI_c = \sum_k \frac{x_{ck}}{\sum_j x_{cj}} SS_k \qquad (2.4)$$

Lall 等（2006）基于该方法，采用 SITC Rev. 2 二位码和四位码出口数据对亚洲各国和地区出口技术复杂度进行了测算，考察了各国出口竞争力与国际分工地位。

这种测算方法不需要工业行业数据，依据出口国各类产品出口额及人均 GDP 数据即可完成，简便易行。然而，以各国某产品出口额占世界出口总额的比重为权数进行指标计算，有可能因不同国家出口规模差异

而高估大国作用，忽视小国具有比较优势的产品在出口中的影响。

2.1.2.3　RCA 指数测算法

该方法对市场份额测算法权重部分进行了相应调整，采用显示性比较优势（Revealed Comparative Advantage，RCA）指数代替出口市场份额作为权重，对一国收入水平进行加总，进而测算出不同产品的出口技术复杂度。该方法最早由 Hausmann 等（2007）提出，具体测算方法如下。

首先，以一国出口产品的 RCA 指数为权重，对该国人均 GDP 进行加权平均，计算一国产品层面的出口技术复杂度指数 $PRODY_k$，计算公式为

$$PRODY_k = \sum_c RCA_{ck} Y_c = \sum_c \frac{x_{ck}/X_c}{\sum_c (x_{ck}/X_c)} Y_c \qquad (2.5)$$

式中，c 表示国家，k 表示产品，x_{ck} 表示 c 国 k 产品的出口额，X_c 表示 c 国所有产品出口总额，RCA_{ck} 表示一国出口产品的 RCA 指数，反映了 c 国 k 产品的出口比较优势。若 $RCA_{ck} > 1$，表示 c 国 k 产品在世界市场具有比较优势，反之则为比较劣势。

其次，以一国各类产品出口占本国出口总额比重为权数，对相应产品出口技术复杂度指数进行加权平均，从而计算出国家层面的出口技术复杂度 $PRODY_c$，计算公式为

$$PRODY_c = \sum_k \frac{x_{ck}}{X_c} PRODY_k \qquad (2.6)$$

诸多学者基于 RCA 指数法来测度出口技术复杂度。代中强（2014）将 Hausmann 等（2007）的方法扩展至国家省际层面，利用 2003—2011 年中国 30 个省份分行业出口交货值数据测算出省际出口技术复杂度。刘艳（2014）采用 SITC Rev.2 中三位码出口数据，基于该方法测算了 52 个国家高技术制成品的出口技术复杂度。赵瑞丽和孙楚仁（2016）将该方法推广到国内城市层面，测算了 2000—2009 年中国 283 个地级市的出口技术复杂度。Lin 等（2017）利用 RCA 指数法测算了撒哈拉以南非洲地区（SSA）36 个国家的出口技术复杂度。刘威等（2018）采用 HS 六位码产品出口数据，基于该方法计算出 42 个国家的 26 个细分行业的出口技术

复杂度。

基于 RCA 指数测算出口技术复杂度的方法，可以保证小国在具有比较优势的产品上获得足够的权重，从而避免低估小国作用的情况，成为测算出口技术复杂度最为广泛和常用的方法，虽然很多学者对此方法进行了修正与完善，但本质上都是由该方法衍生而来的。

2.1.2.4　RCA 指数测算法的修正

RCA 指数测算法虽然克服了市场份额测算法的缺陷，但是没有考虑，产品质量差异和加工贸易的影响，许多学者在实际应用中对该方法进行了修正与改进。

（1）纳入产品质量因素。

即使在最细化的产品分类内，同种产品质量仍可能存在较大差异。由于 Hausmann 等（2007）的方法未考虑产品质量差异，可能高估部分欠发达国家的出口技术复杂度。Xu（2007）在此方法的基础上，将产品质量差异性纳入出口技术复杂度指标测算中。他假设质量越高的产品出口价格越高，以相对价格指标 Q_{ck} 来度量产品质量差异，计算公式为 $Q_{ck} = \dfrac{P_{ck}}{\sum\limits_{c}(\beta_{ck}P_{ck})}$，其中 P_{ck} 为 c 国 k 产品的出口价格，β_{ck} 为 c 国 k 产品出口额占世界 k 产品出口总额的比重，$\sum\limits_{c}(\beta_{ck}P_{ck})$ 则表示所有国家 k 产品的加权平均价格。Q_{ck} 反映了一国特定出口产品在世界市场的相对价格水平，该数值越大表明出口产品质量越高。然后，将 Q_{ck} 引入原出口技术复杂度指标，构造出新指标 $QPRODY_{ck}$，计算公式为 $QPRODY_{ck} = (Q_{ck})^{\theta} \times PRODY_{k}$，其中 θ 为质量调整系数，当 θ 为零时，$QPRODY_{ck} = PRODY_{k}$。根据式（2.6），经产品质量调整后的出口技术复杂度为 $QPRODY_{c} = \sum\limits_{k}\dfrac{x_{ck}}{X_{c}}QPRODY_{ck}$。

王永进等（2010）沿用 Xu（2007）的方法，将 θ 值设为 0.2，利用 HS 六位码产品出口数据测算了 1995—2004 年 101 个国家的出口技术复杂度。盛斌和毛其淋（2017）将企业 HS 八位码产品出口数据加总至相应的 HS 六位码产品上，并基于此方法，测算了 2002—2006 年企业层面的出口技术复杂度。

Xu（2007）的研究在一定程度上弥补了 RCA 指数法不能衡量出口产品质量的缺陷，具有一定的先进性。但是也有学者指出，产品价格并不是一个稳定无偏的变量，它会受到市场竞争程度、消费者偏好等多种因素的影响，产品价格差异并不一定由产品质量差异而产生，以产品相对价格水平来反映产品质量反而可能扩大出口技术复杂度测算偏差（黄永明和张文洁，2012）。此外，θ 的取值也缺乏理论依据，具有一定随意性。

（2）测算产品国内技术含量。

随着经济全球化的发展，加工贸易逐渐成为各国参与国际分工的重要方式。姚洋和张晔（2008）指出，以加工贸易方式出口的产品不仅包含了国内技术贡献，还包含了国外其他生产环节的技术贡献，Hausmann等（2007）的测算方法并未对此进行严格区分，可能会高估一国出口技术复杂度，不能准确反映一国真实的出口技术水平和贸易竞争力。这一缺陷对于加工贸易出口所占比重较高的发展中国家来说尤为突出。因此，需要把一国国内生产环节包含的技术含量从整个产品技术含量中分离出来，剔除加工贸易给出口技术复杂度测算带来的偏差。关于如何剔除出口产品中进口中间投入部分的技术含量，主要有以下两种处理方法。

第一种方法是直接扣除进口中间投入品的价值。姚洋和张晔（2008）是该领域的开拓者，他们首次提出"产品国内技术含量"这一概念，并在基于 Hausmann 等（2007）的方法计算产品出口技术复杂度指数 $PRODY_k$ 的基础上，利用投入产出表对产品国内技术含量进行了估算。具体测算方法如下。

首先，定义产品复合技术含量 v_k，计算公式为

$$v_k = \sum_j \alpha_{jk} PRODYT_j + (1 - \sum_j \alpha_{jk}) PRODYT_k \tag{2.7}$$

其中，k 表示最终产品，j 为它的中间投入品，α_{jk} 为投入产出表给出的直接消耗系数，即生产单位价值 k 需要投入的中间品 j 的价值量，$\sum_j \alpha_{jk} PRODYT_j$ 为中间投入品的技术复杂度指数，$(1 - \sum_j \alpha_{jk}) PRODYT_k$ 为产品自身的技术复杂度指数。式（2.7）的含义为，一种产品的复合技术含量由其中间投入品的技术含量与自身生产工序的技术含量加权构成，

权重即为直接消耗系数。

接下来，测算产品国内技术含量 v_k^D，计算公式为

$$v_k^D = \sum_j \alpha_{jk}(1 - \beta_j)PRODYT_j + (1 - \sum_j \alpha_{jk})PRODYT_k \qquad (2.8)$$

其中，β_j 表示投入品 j 对进口中间品的使用率，v_k^D 度量了 k 产品国内制造环节的技术含量。在此基础上，以 λ_k 表示 k 产品的出口份额，则可利用公式 $v^D = \sum_k \lambda_k v_k^D$ 计算出一国或地区层面的国内技术含量 v^D。

根据此方法进行测算，姚洋和张晔（2008）发现，1997—2002 年全国及江苏省产品国内技术含量迅速下降，全国整体技术含量相对于世界先进水平也没有显著提升，广东省出口国内技术含量呈现先下降、后上升的趋势。余娟娟和佘群芝（2014）利用此方法测算了 1995—2010 年中国 27 个工业行业的出口技术复杂度，结果表明，各行业出口技术复杂度呈现不断上升趋势，尤其是 2001 年后增幅较大。但是，由于投入产出表无法区分一国进口品是被用于中间投入还是最终消费，只能将所有进口视为中间投入品进行计算，这可能造成产品国内技术含量的低估。此外，国家及各地方投入产出表 5 年编制一次，将对数据连续性造成一定影响。用临近年份数据替代投入产出表不可获得年份数据虽然可以克服数据间断性，但在数据准确性上仍有所欠缺。

陈晓华等（2011）借鉴姚洋和张晔（2008）的思路，对 Hausmann 等（2007）的方法进行了修正，计算出中国各大类商品及省级区域的出口技术复杂度，计算公式为

$$PRODY_k = \sum_c \frac{(1 - \theta_{ck})x_{ck} \big/ \sum_k (1 - \theta_{ck})x_{ck}}{\sum_c (1 - \theta_{ck})x_{ck} \big/ \sum_k (1 - \theta_{ck})x_{ck}} Y_c \qquad (2.9)$$

其中，θ_{ck} 表示地区 c 产品 k 以加工贸易形式进口的产品占出口总额的比重，陈晓华等（2011）以进料加工和来料加工装配进口额之和占该产品出口额的比重来衡量 θ_{ck}，Y_c 为省级区域人均生产总值，[1] $PRODY_k$ 为产品

---

① 陈晓华等（2011）认为，由于中国各省出口规模及收入水平差异较大，以国别数据来测算各省份出口技术复杂度是有偏的，因此他们借鉴 Xu 和 Lu（2009）的方法，采用各省份出口数据和人均省内生产总值替代国别层面的数据。

层面的出口技术复杂度。在此基础上，进一步计算出地区层面的出口技术复杂度 $PRODY_c$，计算公式如下。

$$PRODY_c = \sum_k \frac{(1 - \theta_{ck})x_{ck}}{\sum_k (1 - \theta_{ck})x_{ck}}PRODY_k \tag{2.10}$$

陈晓华等（2011）通过将加工贸易形式进口的产品（原材料）剔除，在一定程度上还原了中国真实的出口技术结构，消除了中国出口技术复杂度虚高的"统计假象"。虽然陈晓华等（2011）仅粗略剔除了进口投入品的直接贡献，但其方法简便易行，数据齐全易于获取，可以全面真实地反映出口技术复杂度发展变化的动态趋势。毛其淋（2012）、郭亦玮等（2013）、王正新和朱洪涛（2017）等均采用此方法对中国出口技术复杂度进行了测算。因此，本书第 3 章也将基于陈晓华等（2011）的方法，对中国制造业各行业及各省级区域出口技术复杂度进行测算。

第二种方法是利用非竞争型投入产出表测算出口产品国内增值。Hummels 等（2001）最早提出基于投入产出表计算垂直专业化比率（出口产品中进口中间投入品所占比重）来衡量一国参与全球垂直专业化分工的程度。刘遵义等（2007）首次运用非竞争型投入产出模型，从数学上证明了"出口产品完全国内增加值系数 = 1 - 垂直专业化比率"，并对中美两国出口产品完全国内增加值进行了估算与比较。Koopman 等（2008）在 Hummels 等（2001）和刘遵义等（2007）研究的基础上，提出出口产品国内增加值和进口价值方程，利用非竞争型投入产出表对中国出口产品国内价值含量进行了估计，纠正了传统出口总额"虚高"问题。黄先海和杨高举（2010）沿用该方法计算出"加权的增加值—生产率"指数，考察了中国高技术产业在国际分工中的真实地位及其变动状况。方圆（2013）在 Hausmann 等（2007）模型基础上，借助经济合作与发展组织（OECD）提供的 40 个国家 1995 年、2000 年和 2005 年的非竞争型投入产出表，测算出完全国内增加值系数，并将其引入出口技术复杂度计算中，剔除了进口中间投入品对出口技术复杂度的影响；同时通过构建中国省级区域非竞争投入产出模型，剔除了进口品和外省资源调入对省级出口技术复杂度的影响。齐俊妍和王岚（2015）基于 OECD

21

2009 年版的"投入产出数据库"提供的非竞争型投入产出数据,测算了 56 个国家 2002 年和 2007 年不同贸易方式和企业性质的国内完全技术含量。

在测算产品国内技术含量的两种方法中,方法二与方法一相比虽然更为准确,但仍然要以各国(地区)投入产出表为基础,数据较难收集,计算较为烦琐,且由于各国(地区)投入产出表构造依据及标准并不统一,可能造成测算结果可比性降低,或根本无法比较(丁小义和胡双丹,2013)。因此,在现有研究出口技术复杂度的相关文献中此方法并未得到普遍应用。

2.1.3 出口技术复杂度的影响因素

在出口技术复杂度测算方法日趋完善的同时,关于出口技术复杂度影响因素的研究也日益丰富,国内外学者从不同视角对此进行了分析探讨。

2.1.3.1 物质资本、人力资本和研发投入

物质资本是生产函数的核心变量,也是企业生产率提升和产业升级发展的必备要素,为其他要素作用的充分发挥创造了良好的物质基础。传统的国际贸易理论认为,一国应专业化生产和出口其具有比较优势的产品,即比较优势决定了国际分工及出口产品结构。根据 H-O 理论,一国将出口密集使用其充裕要素生产的产品,因而物质资本相对丰富的地区在资本密集型产品出口上具有比较优势,可能会生产和出口更多相对资本密集和技术复杂的产品,从而具有较高的出口技术复杂度(毛其淋,2012)。新增长理论认为,知识资本是长期经济增长的引擎和影响技术进步的重要因素。知识资本可以来源于自主知识创造,也可以通过参与国际分工和贸易获得知识溢出。人力资本和研发投入是国内自主创新的基本源泉(Ascari 和 Cosmo,2004),它们不仅直接促进了知识资本积累,提高了生产率水平,而且间接促进了知识转移、吸收与利用(Coe 和 Helpman,1995),因而在出口技术复杂度研究中备受关注。Wang 和 Wei(2007)认为,人力资本可以通过促进经济发展与创新能力提升进而推动

出口技术复杂度提升。Vogiatzoglou（2009）的研究表明，一国可通过增加研发支出提高技术创新效率，从而影响出口复杂度。Zhang 和 Yang（2016）认为，创新投入的持续增长和较为充足的人力资本是发达国家出口技术复杂度长期维持较高水平的重要因素。刘英基（2016）的研究发现，知识型人力资本、研发机构资本、研发强度等对中国各制造业行业出口技术复杂度均具有显著的提升作用。也有研究表明，研发投入对出口技术复杂度拉动作用不足或具有区域及企业异质性。例如，刘洪铎等（2013）的研究显示，研发投入对出口技术复杂度的影响为负但不显著，并指出这可能与中国当前企业的研发（R&D）投入激励和强度不足有关。郑展鹏和王洋东（2017）的研究表明，人力资本对中国出口技术复杂度提升具有显著的积极作用，但研发投入对出口技术复杂度的影响具有区域异质性，对沿海地区出口技术复杂度的促进作用更强。毛其淋和方森辉（2018）深入研究了中国企业研发与出口技术复杂度的关系，研究表明，企业研发显著促进了出口技术复杂度提升，但过度研发投入会削弱该提升作用。

2.1.3.2 进口贸易、外商直接投资（FDI）与对外直接投资（OF-DI）

进口贸易、FDI 及 OFDI 是外部技术转移与扩散的重要渠道。通过进口贸易和 FDI，技术落后的发展中国家可以分享到技术领先国的先进研发成果，从而提升本国出口技术复杂度；同时，进口贸易及 FDI 强化了市场竞争效应，激发了国内企业研发和创新的潜力，带动了相关产业出口技术复杂度提升（Girma 等，2001；Javorcik，2004；Madsen，2007）。也有观点认为，要谨慎对待进口贸易和 FDI 对于出口技术复杂度的积极影响，在全球价值链分割以及生产外包盛行的背景下，二者在一定程度上对于东道国出口技术复杂度提升仅具有短期效应，技术水平落后的国家通过加工贸易也能出口高技术复杂度产品，过分依赖于进口高技术中间品及 FDI 可能将使发展中国家锁定在低技术复杂度环节（Rodrik，2006；Xu，2007；祝树金和张鹏辉，2013）。傅缨捷等（2014）的研究发现，下游中间品进口对经济结构转型的促进作用更强，而上游中间品进口对经济结构转型的影响不显著，甚至会产生抑制作用。齐俊妍和吕建辉（2016）的实证研究表明，仅依靠进口中间品总量的增加不能提升出口技术复杂度，必须增加产品研发和人力资本投入，才能充分吸收转化进口中间品带来的先进技术。丁一兵和宋畅（2019）利用中国与57个贸易伙伴的双边贸易数据实证检验了FDI流入对中国出口技术复杂度的影响，研究表明，FDI对中国制造业出口技术复杂度总体作用为负，并具有行业异质性，FDI有利于资源密集型行业出口技术复杂度提升，但对劳动密集型行业影响显著为负，对资本密集型行业影响不显著。众多研究表明，OFDI的逆向技术溢出效应对东道国技术进步具有积极影响（Kogut和Chang，1991；Lichtenberg和Potterie，2001；李洪亚和宫汝凯，2016），伴随着中国企业"走出去"步伐的加快，很多学者开始关注OFDI对出口技术复杂度提升的影响。杨连星和刘晓光（2016）的研究表明，OFDI在行业及产品层面均促进了中国出口技术复杂度提升。毛海欧和刘海云（2018）进一步检验了OFDI对出口技术复杂度影响的特定机制和在不同动机下OFDI对出口技术复杂度的差异化影响。研究表明，OFDI通过技术效应、结构效应和规模效应显著提升了中国出口技术复杂度，尤其对中间品出口技术复杂度提升具有突出的作用，技术寻求型OFDI对出口技术含量提升的作用最为明显。

2.1.3.3 金融发展

McKinnon（1973）对金融发展和经济增长关系的研究标志着金融发展理论的产生。此后，学术界围绕金融发展与对外贸易的关系进行了大量研究。Kletzer和Bardhan（1987）指出，金融发展水平与资源禀赋、技术水平一样，都是决定一国比较优势的重要因素。发达完善的金融体系可以便利资产交易，拓宽融资渠道，降低融资成本和流动性风险，提高资源配置效率，从而对一国贸易模式和贸易结构产生重要影响（Raja和Zingales，1998；Beck，2003；陈琳和朱子阳，2019）。金融发展对出口技术复杂度的影响是近年来备受关注的研究主题。齐俊妍等（2011）认为，产品技术复杂度越高，研发及生产过程面临的不确定性越大，金融发展越可以解决信息不对称造成的逆向选择问题，促进高技术复杂度产品生产，从而推进一国出口技术复杂度的整体提升。王晓燕和齐俊妍（2017）利用跨国面板数据实证检验了金融发展对各类行业出口技术复杂度影响的异质性，发现金融发展对中国制造业的总体影响显著为正，但对高及中高技术行业出口技术复杂度的积极效应偏弱。杜晓英（2015）的研究发现，金融发展可以通过扩大 FDI 技术溢出、促进人力资本积累及提高研发效率等渠道对技术进步产生积极影响，间接促进出口技术复杂度提升，但其影响存在门槛特征，只有金融发展跨越一定的门槛后，才可能通过技术创新、FDI 技术溢出效应提升出口技术复杂度，而金融发展通过人力资本积累促进出口技术复杂度提升的作用仍然偏弱。刘威等（2018）的研究表明，无论在短期还是长期，金融发展都可通过 FDI 技术溢出和人力资本积累对中国出口技术复杂度发挥积极的作用，而金融发展通过提高技术研发效率对出口技术复杂度的促进作用仅在长期显著。

2.1.3.4 基础设施和物流发展

基础设施和物流体系是商品和生产要素顺畅流动的载体，也是促进国际贸易和国际投资发展的重要条件。在微观层面，可将基础设施视为一种投入品参与企业生产，从而促进企业生产率提升（Cohen 和 Morrison，2004）。基础设施和物流体系的完善不仅能够提高运输速度、缩短运输时间，而且能够降低运输过程中的不确定性，有效降低运输周转成本和企业库存成本，促进企业发展（Shirley 和 Wintson，2004；刘秉镰和刘玉海，2011）。由于国际贸易比国内贸易面临更多风险及不确定性（Rodrik，2000），且属性越为复杂多样的商品，越易受到外部风险及不确定性的影响（Berkowitz 和 Pistor，2006），因此，完善的基础设施和物流体系对于高技术复杂度产品出口影响格外重要。王永进等（2010）从理论上考察了基础设施影响出口技术复杂度的微观机制，并采用 1995—2004 年的跨国数据，实证检验了基础设施对出口技术复杂度的影响。结果表明，基础设施稳健地提高了各国出口技术复杂度。Puertas 等（2014）实证检验了 2005—2010 年 26 个欧盟发达国家物流绩效对出口的影响，发现高效的物流体系和便利的物流基础设施对提升出口竞争力发挥了重要作用。上官绪明（2014）认为，物流依然是中部地区的短板，对中部地区出口贸易结构优化未起到显著作用。董宇和杨晶晶（2016）的研究结果显示，地区物流发展水平越高，物流体系越完善，就越有利于促进出口技术复杂度的提高。卓乘风和邓峰（2018）的实证研究表明，一般性基础设施和科技型基础设施均能通过成本效应和技术扩散效应显著促进中国出口技术复杂度提升，一般性基础设施的边际效应具有倒U形特征，而科技型基础设施的影响则呈现出边际效应递增的特征。

2.1.3.5 制度环境

良好的制度环境可以节约交易费用，提供激励机制，促进创新绩效提升和产业结构变迁，提高资源和要素使用效率，从而影响一国比较优势与贸易结构（Willismson，1985；North，1990；Levchenko，2007；Nunn 和 Trefler，2013）。近年来，国内外学者也开始关注制度环境的改善对一国出口技术复杂度的提升作用。Moenius 和 Berkowitz（2004）的研究表明，制度质量的改进在降低国际贸易交易成本、增加产品出口规模的同时，使生产及出口转向复杂产品，促进了一国复杂产品出口份额和数量的提升。Acemoglu 等（2007）的研究表明，不同契约制度对生产率具有不同的影响，契约完全、制度质量较高的国家将会专注于中间投入互补性更高，即复杂度更高的部门的生产，这将有利于出口技术复杂度提升。Méon 和 Sekkat（2008）的研究发现，制度质量对不同种类出口产品的影响存在差异，制度质量对技术复杂度较高的制成品出口份额具有显著的积极影响，而对复杂度低的非制成品出口影响不显著。Cabral 和 Veiga（2010）考察了 1960—2005 年 48 个撒哈拉以南的非洲（SSA）国家出口多样化和出口复杂度的影响因素，发现良好的制度环境，尤其是政府廉洁程度、市场透明度及问责机制是影响出口多样化和复杂度提升的重要因素。戴翔和金碚（2014）利用 62 个国家（地区）1996—2010 年的贸易统计数据，实证检验了制度质量对出口技术复杂度的影响，研究结果显示，制度质量的改善对出口技术复杂度的提升具有显著的正向作用。刘英基（2019）的研究表明，制度环境显著促进了制造业出口复杂度提升，并且能够正向调节知识资本对制造业出口技术复杂度的影响。此外，知识产权、科技体制改革、政府补贴等制度安排对出口技术复杂度的影响也得到不少国内学者的关注（李俊青和苗二森，2018；戴魁早，2018；余娟娟和余东升，2018）。

2.2　关于市场一体化的研究

2.2.1　市场一体化的概念界定

2.2.1.1　市场一体化概念研究

"一体化"译自英文"integration"一词，有"整合""统一"之意。一体化是衡量不同要素之间关系紧密性的尺度，也是深化要素间关系的过程。市场一体化是伴随经济一体化（Economic Integration）而出现的概念。最初西欧学者用"经济一体化"来描述西欧国家由孤立分散走向联合统一的过程。1952 年，荷兰经济学家丁伯根在其著作《论经济政策理论》（*On the Theory of Economic Policy*）一书中首次完整地界定了经济一体化的概念，他认为，经济一体化就是消除阻碍经济有效运行的各种因素，建立协调统一最适宜的国际经济结构。此后，诸多学者从不同视角对经济一体化进行了定义。巴拉萨（1961）认为，经济一体化既是一个过程，又是一种状态。作为过程，它旨在消除不同经济体之间各类歧视措施；作为状态，则表现为各经济体之间不存在任何经济壁垒与歧视。林德特（1992）指出，经济一体化是通过共同的商品市场和生产要素市场，或两者的结合，实现生产要素价格均等。邓宁（1993）认为，经济一体化指国家之间达成一项协议，放弃部分国家主权，建立跨国市场，或者建立一个由各成员国组成的超国家权威机构。中国经济学家于光远（1992）在其主编的《经济大辞典》中指出，经济一体化即两个或两个以上的国家在社会再生产领域内实行不同程度的经济联合和共同的经济调节，向结成一体的方向发展，一般根据国家间协定建有共同机构。综合而言，经济一体化是国家或地区间通过消除商品和要素流动障碍，提升经济政策一致性，形成跨区域联合体的过程或状态。

虽然学术界对经济一体化概念的理解存在一定差异，但其基本形式与特征已得到普遍认同。按照一体化程度由低到高排序，经济一体化可以分为特惠贸易安排、自由贸易区、关税同盟、共同市场、经济同盟、完全经济一体化六种形式。图 2.1 列示了各种经济一体化形式的基本特征。可以看出，成员间市场融合程度越高，经济一体化程度就越高。市场一体化是经济一体化的基本内涵和主要内容，也是经济一体化发展的重要过程。当一体化程度达到"共同市场"层次，即成员间不仅实现了商品自由流动，还实现了服务及生产要素自由流动，就实现了市场一体化。而"经济同盟"则是在此基础上进一步实现保障市场一体化顺利运行的各类政策的协调统一，从而达到更高层次的市场一体化。在研究中，市场一体化常与"共同市场""统一市场""统一大市场""市场融合"或"市场整合"等词相互替代。例如欧洲统一大市场的建立，又被称为欧洲市场一体化。

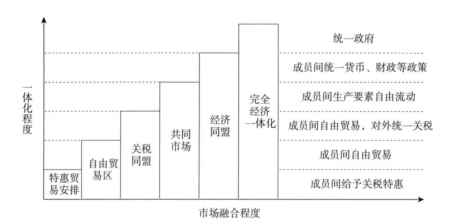

图 2.1　经济一体化的形式特征

（资料来源：王蒙燕等. 国际贸易政策与规划［M］. 西安：西安交通大学出版社，2014）

从地理空间范围来看，市场一体化既包含国际市场一体化，也包含国内市场一体化。上文论述的市场一体化主要指国际市场一体化，即一体化组织成员间的市场一体化或国家与国家之间的市场一体化。国内市场一体化则是一国内部各区域间的市场一体化。尽管国内市场一体化与国际市场一体化的手段、过程具有一定的差异，但二者具有相同的特征与目标，即实现商品及要素的自由流动。虽然一个国家内部不存在关税壁垒，但由于政府干预、企业垄断、自然地理障碍等因素的存在，国内各区域间仍然可能存在有形或无形的贸易壁垒和要素流动障碍。西方国家国内市场一体化进程起步较早，如美国在 19 世纪末国内统一市场已经形成，20 世纪初美国国内贸易就达到对外贸易的 20 倍左右，甚至超越世界各国对外贸易总和（何顺果，1986）。由于发达国家已建立统一开放的国内市场，近年来西方学者对国内市场一体化的研究关注较少。中国学者对国内市场一体化问题的关注始于 20 世纪 80 年代，相关文献对国内统一市场的特征进行了阐释。林文益（1980）指出，统一国内市场要求在国内各地区之间广泛开展商品流通，密切经济联系，反对互相封锁。万典武（1984）认为，国内统一市场就是货畅其流，通行无阻，不允许对商品流通搞地区封锁、城乡分割和部门垄断。90 年代后，随着我国社会主义市场经济体制基本框架的确立，针对国内市场一体化的思考开始增多。肖汉平（1992）较早提出了市场一体化的概念，指出市场一体化就是清除商品和生产要素在地区间流动的障碍，建立一个公平竞争、相互开放的全国市场。洪银兴（2004）从多个角度对统一市场进行了规定，认为统一市场指完善的市场体系，既包括商品市场，也包括生产要素市场；各地区要实现要素、企业、产品和服务自由流动；各类市场主体平等地进入市场，并平等地使用生产要素；各地区按统一市场规则运作。国务院发展研究中心课题组（2005）对市场一体化概念的界定借鉴了巴拉萨（1961）对经济一体化的表述方式，认为可将市场一体化描述为一个过程，也可以代表一种状态。市场一体化是不同地区间"经济边界"逐步消失的过程。在市场一体化状态下，国内不同地区的市场主体行为受同一供求关系的调节，产品、服务和生产要素跨地区流动，不存在任何制度性障碍，同质产品、服务和生产要素的价格趋于相同。陈甬军和丛子薇（2017）认为市场一体化是区域间商品和要素流动密度不断增加而使市场整体化趋势增强的过程和状态。可以看出，市场一体化的概念和内涵随着实践的发展而不断扩展、深化和完善。

　　2.2.1.2　市场一体化相关概念辨析

　　经济一体化、区域一体化、市场化和市场分割等概念与市场一体化密切相关，厘清它们与市场一体化的关系，对于准确认识和科学把握市场一体化的概念至关重要。

1. 市场一体化与经济一体化

前文已对市场一体化和经济一体化的概念进行了论述，这里进一步阐释二者之间的异同。从地理范围的适用性来看，市场一体化和经济一体化都既可以用于描述国家与国家之间的经济联合，又可以用于描述国内各地区之间的协调发展。从一体化的内容和状态来看，市场一体化是经济一体化的核心和本质特征，也是推动经济一体化发展的重要动因，为促进国家（地区）之间资源顺畅流通，推进经济一体化提供了基本保障。经济一体化是在市场一体化基础上更高层次的经济融合，即不仅要求商品、服务及各类生产要素在国家（地区）之间的流动畅行无阻，还要求国家（地区）之间经济和社会发展政策的高度统一。市场一体化更加强调市场的单一作用，而经济一体化更多包含了区域政策平衡的思想。如果在一国内部各地区间发展政策、市场规则完全一致，那么市场一体化与经济一体化两个概念可以等同。

2. 市场一体化与区域一体化

区域一体化同样既可以应用于国家之间，又可以应用于国内不同地区之间。许多文献对区域一体化和区域经济一体化的概念界定并无差别，常把区域经济一体化简称为区域一体化。也有学者认为区域一体化的概念综合性更强，是比区域经济一体化更为广泛和复杂的发展过程。吕典玮和张琦（2010）指出，区域一体化包含了区域市场一体化、产业分工一体化、空间发展一体化、基础设施建设一体化与环境资源开发和保护一体化五个方面的内容。由此可见，区域一体化涵盖的范围更加宽泛，既包含市场一体化的内容，也包含产业发展、空间布局、基础设施、环境保护等促进区域经济高效运转和可持续发展的内容。而市场一体化促进了区域资源配置不断优化和重组，对推进区域一体化发挥着至关重要的基础性作用。

3. 市场一体化与市场化

由于仅有中国等少数国家经历了由计划经济向市场经济的转型，"市场化"具有较强的地域色彩和特殊性。国家计委市场与价格经济所课题组（1996）较早对市场化的概念进行了界定，认为市场化就是使资源配置方式由传统的政府干预向市场调节转化。樊纲等（2003）对市场化的定义更加全面准确，指出市场化包含了从计划经济向市场经济转轨过程中，政府职能转换、非国有经济发展、生产要素流动性增强、法治化进程推进、金融市场发展和国际化程度提高等多个方面的变革。可见，市场化和市场一体化都是中国经济体制改革的重要内容和客观要求，体现了市场在资源配置中的决定性作用，但二者之间也存在显著区别。从适用范围来看，市场化主要用于描述一国内部或某个地区市场机制的完善程度，而市场一体化强调的是地区之间商品和要素的无障碍流动，是市场化的跨区融合。市场一体化包含了市场化和一体化的内涵，是市场化基础上的一体化。因此，市场化是市场一体化的基础和保障，市场化程度不高，市场一体化则无从谈起。同时，市场一体化对市场化也存在反馈机制，市场一体化打破了区域间资源自由流动的障碍，有利于市场机制在更大区域范围内发挥作用，推进市场化程度的进一步提升。

4. 市场一体化与市场分割

银温泉和才婉茹（2001）对市场分割概念的界定被广泛引用，他们认为，市场分割主要指地方政府为保护本地利益，通过行政管制手段限制外地资源进入本地或限制本地资源流向外地的行为。冯兴元（2002）对市场分割的概念进行了更为全面的概括，认为市场分割是政府部门或私人集团等主体通过各种显性或隐性手段阻碍地区间资源流动，造成市场的非整合状态。由此可见，市场一体化与市场分割是互相对应的概念，是对一个问题的两种表述，市场一体化的对立面即为市场分割。从一定意义上说，中国国内市场一体化或建立全国统一大市场的过程就是逐步打破、消除市场分割的过程。但两者在研究内容上各有侧重，市场分割是中国经济体制转轨过程中出现的特有现象，相关文献往往聚焦于政府行为，探讨在中国特定历史背景和制度环境下如何打破行政因素对市场整合的阻碍；而市场一体化则是经济学中的通用概念，研究者往往以经济理论作为支撑，在规范的理论框架下讨论如何深化市场一体化进程。

在研究中，大量文献采用市场分割指标来反映市场一体化程度。例如，盛斌和毛其淋（2011）提出的以市场分割指数倒数的平方根来衡量市场一体化水平的方法，在研究中被广泛采用。因此，可以认为市场分割程度越低，市场一体化水平越高；反之，市场分割程度越高，市场一体化水平也就越低。

2.2.1.3 本书对市场一体化概念的界定

通过与相关概念的对比，本书认为市场一体化概念界定的焦点集中于地理范围的适用性、概念内涵的广泛性和市场机制作用发挥三方面内容。无论是从国际还是国内层面来看，市场一体化都是经济一体化、区域一体化的核心特征和重要基础。对中国而言，国内市场一体化也是市场化改革的重点内容和主要动力。本书主要研究中国国内市场一体化问题，后文中提到的"市场一体化"均代表国内市场一体化。结合上文分析，本书认为市场一体化指国内各地区间"经济边界"消失，商品、生产要素流动和企业跨地区经营障碍消除，形成统一开放、竞争有序的国内统一大市场的状态和过程。由于"市场一体化"与"市场分割"相互对应，与"市场整合"含义相同，本书在后续分析中也常用到"市场分割"和"市场整合"两个词。

2.2.2 市场一体化的测算方法

对国内市场一体化现状及趋势的正确判断，是建立在对市场一体化水平准确测算的基础上的。本部分将对国内外关于市场一体化的测算方法进行归纳整理，分析与比较各种方法的利弊，从而选出测算市场一体化的最佳手段。

2.2.2.1 生产法

生产法从生产领域出发，基于各地区间产业结构差异、专业化分工程度、要素配置效率来反映国内市场一体化程度。其思想来源于李嘉图的新古典经济理论，认为如果资源在地区间可以自由流动，那么各地区将根据自身资源禀赋来选择生产，从而实现地区分工和专业化，提高资源配置效率。因此，地区间产业结构差异扩大，专业化分工程度提高，资源配置效率上升，则说明市场一体化水平提高；反之，各地区间产业结构趋同，专业化分工程度下降，资源配置效率降低，则表明市场分割加剧。

Young（2000）对 1978—1997 年中国各地区生产总值结构和制造业产出结构现状及趋势进行了测度，发现各地区存在产业结构趋同趋势，表明改革开放以来国内市场分割程度在加大。Young 的结论掀起了关于中国国内市场一体化问题的激烈讨论。郑毓盛和李崇高（2003）得出与 Young（2000）较为相似的结论，他们运用数据包络分析方法测算出 1978—2000 年中国整体技术效率，再将其分解为省内技术效率、产出结构配置效率和省际要素配置效率。研究结果表明，省内技术效率虽然明显改善，但仍无法弥补由产业结构和省际要素配置不合理带来的效率损失，认为地方市场分割存在加大趋势。白重恩等（2004）利用更加细化的行业层面数据计算了 Hoover 地方化系数，考察了 1984—1997 年中国各省份产业专业化水平，认为中国各省份产业结构差异存在逐渐增大的趋势。这一结论与 Young（2000）的结论截然相反，意味着市场一体化水平不断提高。同年，范剑勇（2004）也利用制造业二位码行业数据实证分析了中国 1980 年、2001 年地区专业化和产业集中率变化情况，认为中国制造业地区分布已发生根本变化，地区间专业化水平和市场一体化水平已有所提高，但国内市场一体化总体处于较低水平，滞后于对外市场一体化进程。吴三忙和李善同（2010）基于中国制造业二位码分行业数据测度了 1980—2008 年中国各地区制造业地理集聚与专业化分工情况，研究结果表明制造业集聚程度及地区专业分工水平均显著提高，中国国内市场一体化在向较高水平推进。

2.2.2.2　贸易法

贸易法从流通和贸易领域出发，通过各地区间贸易流量、贸易强度和贸易结构来反映国内市场一体化程度。如果地区间贸易流量上升，则认为市场一体化水平提升，反之，则认为市场一体化水平下降。

投入产出表作为分析区域经济联系的重要工具被广泛应用于省际贸易流量测算。同时，引力模型和边界效应分析法成为研究中最常用的估算方法。McCallum（1995）最早将体现边界效应的虚拟变量引入引力模型，考察了美国各州和加拿大各省之间的贸易情况，之后，大量学者开始使用这一方法来研究国内市场一体化问题。Wolf（1997）采用边界效应分析法测算了美国国内市场一体化程度，发现各州之间存在显著的边界效应，但边界效应在逐步减少，国内市场一体化存在上升趋势。Naughton（1999）利用1987年和1992年中国各省投入产出表数据测算了省际工业品的贸易流量，发现省际贸易流量有所增长，且制造业各行业间贸易居于省际贸易主导地位，表明国内市场一体化在向前推进。Poncet（2002）在Naughton的基础上进一步添加了1997年数据，利用边界效应分析方法测算了中国省际贸易流量。研究发现，尽管省际贸易流量在不断上升，但其在该省生产总值中所占比重显著降低，从国际比较来看，中国国内市场一体化仍处于较低水平。张少军和李善同（2013）采用时间跨度更长的投入产出表数据，测算了1987—2007年中国30个省份之间的贸易情况。研究结果表明，中国省际贸易依存度存在上升趋势，国内市场一体化水平不断提升，且大大高于国际市场一体化水平，但国内市场一体化速度慢于国际市场，且中西部地区省际贸易比重高于东部地区。于洋（2013）运用引力模型对1993—2010年中国省际贸易流量进行了估算，发现省内贸易份额有所下降，省外贸易份额有所上升，国内市场一体化程度有所提高。由于铁路运输是地区间货物运输的重要方式，可以大致反映省际商品贸易格局，与投入产出表相比具有时间跨度长且数据连续的特点，许多研究使用省际铁路货物运输量来近似替代省际贸易数据，以考察地区之间的贸易情况和国内市场整合趋势（叶裕民，2000）。周一星和杨家文（2001）对比分析了1992年和1998年铁路运输的省际联系，发现各省内部运量占总运量的比重显著降低，区际运输联系比重增大，表明省份间经济开放程度扩大，国内市场一体化程度提高。徐现祥和李郇（2012）、王庆喜和徐维祥（2014）也使用铁路货运数据考察了中国省际贸易情况。此外，"金税工程"信息系统也是获取省际贸易数据的途径之一,① 行伟波和李善同（2009）基于"金税工程"信息系统数据，利用边界效应模型对中国省际贸易的本地偏好程度进行了实证检验，研究表明国内市场一体化已具有较高水平。

2.2.2.3 价格法

价格法是以商品价格作为衡量市场一体化的工具，通过地区间商品价格差异来反映市场一体化程度。价格法最初的理论基础为"一价定律"，即从长期看，如果地区间市场互相开放且交易费用为零，套利机制将使各地区商品价格趋于一致。Samuelson（1964）的"冰川成本"模型对"一价定律"进行了改进与修正，他指出，在现实中，由于运输费用、制度障碍等交易成本的存在，商品价值在贸易过程中会像冰川融化一样发生部分损耗，即使地区间不存在贸易壁垒，市场完全整合，两地价格仍然不会绝对相等，相对价格会在一定区间内波动。以 i, j 两地为例，假定某种商品在地区 i 价格为 P_i，地区 j 价格为 P_j，交易成本为单位商品价格的一定比例 $c(0 < c < 1)$。只有当 $P_i(1-c) > P_j$ 或 $P_j(1-c) > P_i$ 时，套利行为才有利可图，地区间才会发生此种商品的贸易活动。而当上述条件不满足时，两地商品相对价格 P_i/P_j 将在无套利区间 $[1-c, 1/(1-c)]$ 内波动。由于 $0 < c < 1$，即使不存在地区市场分割，P_i/P_j 也不会为 1，而是在一定范围内波动。随着两地运输成本的减少和贸易壁垒的削弱，交易成本会逐渐下降，从而使相对价格波动幅度收窄。因此，可通过计算不同地区之间商品价格波动幅度的大小来衡量市场一体化程度。在一定时期内，地区间商品相对价格波动日趋收敛，则意味着地区间贸易壁垒减少，市场一体化水平提升，反之则相反。

大量研究运用商品相对价格的变动规律对市场一体化水平进行了测

---

① "金税工程"是国家信息化建设的重点工程之一，是覆盖所有税种、国家和地方税务机关和税务征收管理的信息化系统工程。它采集了各省份每月入库的增值税专用发票，而增值税专用发票上的记录显示了各省份之间的贸易量。具体而言，增值税的一般纳税人在进行货物交易时，购买方向销售方支付一笔包含税额的金额，销售方向购买方开出一张增值税专用发票。在这张专用发票上，注明了本次交易的销售金额和增值税额，还注明了销售方和购买方的公司名称，由此可以查到购销双方的公司所在地。专用发票上记录的销售金额就是本次交易的贸易量，如果购销双方所在地属于不同省份，则本次交易属于省际贸易，反之，则为省内贸易（张红梅和李黎力，2018）。

算，主要方法分为两种。第一种是对相对价格 P_i/P_j 的时间序列进行单位根检验。如果序列非平稳，则说明两地市场是严重分割的；反之，如果拒绝单位根假设，则表明 P_i/P_j 变动幅度有限，市场有整合趋势。然而，这种方法只能判断相对价格是否趋于收敛，不能描述收敛过程的阶段性特征和市场一体化水平的动态变化（桂琦寒等，2006）。第二种方法是以相对价格的方差 $\mathrm{Var}(P_i/P_j)$ 的变动来反映市场一体化水平。如果方差 $\mathrm{Var}(P_i/P_j)$ 随时间变化趋于收窄，则说明相对价格波动幅度减小，地区间贸易壁垒减少，市场一体化水平提升，反之则相反（Parsley 和 Wei，2001）。此方法可以将相对价格的方差作为反映市场一体化水平的动态指标，克服了第一种方法的缺陷，被学者们广泛使用。[①] 陆铭和陈钊（2006）沿用 Parsley 和 Wei（2001）的方法，选取 9 类商品零售价格指数数据，以相邻省份的价格方差作为衡量市场分割程度的动态指标，[②] 对中国 1985—2001 年 28 个省份的市场分割程度进行了测算，发现样本期间全国相对价格波动幅度先放大后收窄，国内市场一体化水平逐渐提升。范爱军等（2007）进一步将市场分割的测算范围由相邻省份扩展至整个国内市场，利用 7 类商品零售价格指数数据，测算出 1985—2005 年全国 28 个省份的平均市场分割度。研究表明，1997 年后中国市场整合进程加速，尤其在 2001 年后国内市场一体化水平得到大幅提升。盛斌和毛其淋（2011）利用中国 1986—2009 年 8 类商品零售价格指数数据计算出全国 28 个省份的市场分割指数，并以市场分割指数倒数的平方根构建市场一体化指数来直接反映国内市场一体化情况，研究结果表明，多数省份国内市场一体化水平有显著提高。陈甬军和丛子薇（2017）采用 2003—2014 年京津冀、长三角、珠三角地区 38 个城市 10 类商品居民消费价格指数数据，测算了三大区域的市场一体化水平。孙博文和孙久文（2019）选取 6 类商品零售价格指数数据测算了 2000—2014 年长江经济带 105 个

---

① 具体计算过程详见第 3 章 3.2 节市场一体化水平的测算。

② 桂琦寒等（2006）、陆铭和陈钊（2009）认为，如果在国内省际贸易中，一个省份对相邻地区设置壁垒，那也自然会对距离更远的省份设置壁垒，相反，如果市场整合程度在提高，那么这一趋势也将首先出现在相邻地区之间。因此，他们把计算相对价格方差的总体范围限定在相邻省份。

城市的市场分割情况，并将市场一体化指数表示为市场分割指数的倒数。

2.2.2.4　其他方法

以上三种方法应用相对成熟和广泛。此外，也有一些学者利用问卷调查法、经济周期法及综合评价法等方法对市场一体化水平进行测算，下文对这几种方法进行简要介绍。

问卷调查法是设计详细周密的调查问卷，将与国内地方保护、贸易壁垒有关的情况细化成具体问题，要求被调查者根据自身看法和体会回答相关问题，调查结束后对问卷数据进行整理和分析，通过数据分析结果来判断国内市场一体化情况。国务院发展研究中心"中国统一市场建设"课题组（2004）在 2003 年 3—6 月针对国内市场一体化和地方保护问题进行了一次问卷调查。他们分别针对企业和非企业设计和发放了调查问卷，调查结果显示，与 20 年前相比，国内地方保护大幅减少，但依然存在，其内容从以保护当地资源为主转化为以保护当地市场为主，保护范围扩展到要素市场，保护手段更加隐蔽。周国红和楼锡锦（2007）利用长三角区域 532 家企业的问卷调查与访谈资料，分析了长三角区域经济一体化的基本态势与特征。

经济周期法是通过测算各地区经济周期的相关程度来考察市场一体化情况。如果商品和要素在一国内部各地区可以自由流动，各地区面临外部冲击所形成的经济周期会基本同步，否则，经济波动失衡引致的地区报酬差异将引发跨地区套利行为。如果地区间存在贸易壁垒和政策歧视，这种协同变化将会弱化（黄玖立等，2011）。因此，地区间经济周期同步性、相关性越强，则说明省际贸易壁垒越小，市场一体化程度越高。徐勇和赵永亮（2007）对各省份产出变量和就业变量的地区相关性进行了考察，研究显示，各地区在 1992—1997 年、1998—2004 年两个样本期间就业及产出周期同步性均有所增加，但存在明显的区域差异，说明在全国整体范围内仍存在市场分割现象。许统生和洪勇（2013）采用 C－M 同步化指数法（Cerqueira 和 Martins，2009）测算了 1992—2011 年中国 30 个省份经济周期的同步性水平，研究显示，各省份间经济周期同步性水平总体偏低，国内市场一体化水平总体较低，没有明显改善。

综合评价法通过选取一系列反映市场一体化程度的指标，构建市场一体化综合评价体系，利用主成分分析法、层次分析法、模糊综合评价法、熵值法等方法测度国内市场一体化水平。赵伟和徐朝晖（2005）采用市场活跃度、运输活跃度、信息开放度、观念开放度等七个指标构建综合指标体系，以主成分分析法确定权重，采用加权算术平均法计算出各省份国内市场开放程度。李雪松和孙博文（2013）采用劳动力流动、物流、资金流、信息流等十个指标构建市场一体化评价指标体系，并采用层次分析法对长江中游城市集群 2000—2010 年市场一体化水平进行了测算。

2.2.2.5　测算方法比较与选择

利用生产法测算市场一体化水平具有直观、简便、可操作性较强的优势，但仅依据产业结构数据来判断市场一体化水平具有一定局限性。第一，市场一体化与地区产业结构并不存在必然联系。虽然产业集聚及专业化分工的发展离不开统一开放的市场环境，但也可能源于地区资源禀赋及制度环境等其他条件的改善；各地区生产结构趋同也可能是由于工业化进程的快速发展而造成的，而非受市场分割影响（陆铭和陈钊，2006）。第二，在市场一体化的不同阶段，其对产业结构的影响方向并不一致。在市场一体化由低水平向中级水平推进时，地区间产业结构差异及专业化水平会上升；而当市场一体化进一步向高水平推进时，市场一体化反而促进了产业扩散，产业集中率及地区专业化水平将有所下降，地区间制造业平均集中率重新趋于相等（范剑勇，2004）。因此，仅凭产业结构变动情况衡量市场一体化水平，得出的结论并不准确。

本质上，市场分割是发生在商品流通和贸易领域的经济现象，通过贸易流量大小来测算国内市场一体化水平，能够较好地反映省际贸易壁垒的动态变化，与国内市场一体化的经济含义较为吻合。但是，贸易法也存在以下缺陷。第一，省际贸易流量受多种因素影响，在市场一体化水平没有明显变化时，省际贸易流量也可能会因规模经济等原因发生变化（Xu，2002；陆铭和陈钊，2006）。第二，投入产出表作为贸易流量测算的重要数据来源存在诸多问题。省级投入产出表只能得到"一对多"

的省际贸易流量，而不能得到两省之间"一对一"的双边贸易流量。各省投入产出表也存在项目不统一、质量参差不齐等问题。区域间投入产出表的应用虽然弥补了单一省份投入产出表的不足，但仍存在部门划分粗略、年份不全、编制方法不统一等问题（张红梅和李黎力，2018）。由于投入产出表五年编制一次，这就很难形成在时间上连续的省际面板数据，导致实证研究存在一定的局限性。第三，铁路货运量占全国货运总量的比重不到 20%，以其代表省际贸易流量测算市场一体化程度会存在较大偏差。"金税工程"信息系统并不公开，获取数据较为困难，同时还存在纳税方所在地与真实贸易地不同的可能性，从而造成数据失真。第四，省际贸易流量只能衡量产品市场一体化程度，忽视了劳动力和资本市场的一体化，缺乏全面性和完整性。

生产法、贸易法和价格法都依赖于相关部门发布的数据去推断、测算市场一体化程度，而问卷调查法可以直接获得关于国内市场一体化情况的第一手资料，更接近事实真相，也更具有说服力（李善同等，2004）。但问卷调查周期一般较长，实施成本较高，需要大量经费支持，调查问卷的设计、调查对象的选择以及问题的作答都存在一定的主观性，从而影响调查结果的准确性。同时，一次性调查只能反映市场一体化的现状及问题，无法反映出其变化趋势和发展动态。因此该方法在国内市场一体化问题研究中使用较少。经济周期法的数据来源和研究对象在某种程度上类似于生产法，但是研究方法和视角与生产法明显不同，它更加突出市场一体化的动态趋势和跨时期变化，具有较强的说服力。但在国家经济转轨过程中，许多因素都会导致经济周期的非一致变化，市场分割和贸易壁垒只是众多因素之一，也并不一定在这种变化中起主导作用。因此，以经济周期法识别和衡量市场一体化水平，可能会出现一定的偏误。综合评价法虽然可以更加系统、全面、综合地对国内市场一体化水平进行评价，但是由于不同研究者对市场一体化的理解认识存在差别，现有研究尚未形成统一成熟的评价指标体系。指标选取、权重分配等环节仍然带有一定的主观特征，实际测算结果较为粗略，不具有数学意义上的精确性，只能大体反映国内市场一体化的现状特征。

价格机制是市场机制的核心，价格的变动是引导商品和生产要素合理流动的基本信号，应用价格法判断地区间是否存在资源流动障碍和壁垒回归了市场一体化问题研究的本源。由于要素市场的价格变动也会由生产过程传导至商品市场，通过商品价格波动可以综合考察商品市场和要素市场的一体化进程。与其他方法相比，Parsley 和 Wei（2001）的价格法理论基础逻辑严谨，数据齐全、易于获取，可以更加全面、准确和直观地反映市场一体化的阶段性特征和动态趋势，故而被大多数学者采纳应用。因此，本书在第 3 章也将基于价格法的思想，借鉴 Parsley 和 Wei（2001）的方法来测算中国国内市场一体化水平。

2.2.3 市场一体化的影响效应

市场一体化是区域内外生产要素顺畅流通的重要保障，也是市场机制充分发挥作用的前提条件，市场的统一可以提升国家整体经济效率（行伟波和李善同，2009；Krugman，1991），而市场的分割则会阻碍资源合理流动和优化配置，带来效率减损（Anselin 等，1997）。因此，国内市场一体化与经济发展密切相关。为契合研究主题，这里重点关注国内市场一体化对经济增长、技术进步和外贸发展的影响效应。由于近年来国外学者对国内市场一体化问题关注较少，本部分主要对国内学者相关研究进行梳理。

2.2.3.1 市场一体化对经济增长的影响

部分学者从市场一体化的对立面——"市场分割"的角度分析了其对经济增长的影响。陆铭和陈钊（2009）的实证研究发现，市场分割对经济增长存在"倒 U 形"影响。在市场分割程度较低时有利于当地经济增长，而当市场分割程度跨越某个临界值后，经济增长就会受到负面影响。而宋冬林等（2014）的研究表明，市场分割对经济增长的影响具有区域差异，二者在西部地区具有"U 形"关系，中东部地区均呈现"倒 U 形"关系，而在东北地区市场分割对经济增长的影响并不显著。金祥荣和赵雪娇（2017）采用市级面板数据，实证检验了市场分割对城市经济效率的影响。他们的结论与陆铭和陈钊（2009）的结论较为相似，即市场分割在初期有利于经济效率提升，但跨越一定门槛值后则会导致经济效率下降。随着国内市场化改革的推进，国内学者对市场一体化的经济影响效应的关注逐渐增多。柯善咨和郭素梅（2010）实证检验了1995—2007年国内市场一体化与地区经济增长的相互作用，研究表明，国内市场一体化显著促进了地区经济增长，经济落后地区市场一体化对经济增长的促进作用较大，而经济发达地区市场一体化的影响效应不显著。盛斌和毛其淋（2011）的研究表明，国内市场一体化对中国省际人均生产总值增长具有显著积极的促进作用，尤其是内陆地区市场一体化对经济增长的促进作用非常显著，但沿海地区系数不显著。Faber（2014）的研究表明，中国交通基础设施建设促进了市场一体化，推进了中心城市经济发展，但不利于外围城市的经济发展。杨林和陈喜强（2017）考察了珠三角地区市场一体化的经济增长效应，研究结果表明，珠三角地区市场一体化水平每提升1%，会导致经济增长7.60%，在低经济发展水平组，市场一体化对经济增长的促进效应更大。王磊和李成丽（2018）的研究发现，长三角地区的市场一体化对区域经济增长产生了显著的正面影响。孙博文和孙久文（2019）考察了长江经济带市场一体化对经济增长的影响，研究显示，市场一体化对经济增长的影响表现为非线性关系，从长期来看，其积极影响会越发突出。还有学者从经济增长质量角度出发，考察了国内市场一体化对全要素生产率的影响。毛其淋和盛斌（2012）的研究表明，区域市场整合对中国省际全要素生产率具有显著正向影响，沿海地区市场一体化对全要素生产率的提升作用较小，而内陆地区市场一体化对全要素生产率的提升作用较大。

2.2.3.2 市场一体化对技术创新的影响

国内市场需求对技术创新的重要作用已被学术界广泛证实。冯伟等（2014）实证检验了本土市场规模与产业创新之间的关系，研究表明，本土市场规模对产业创新存在显著积极的影响，这种正向作用在劳动密集型和资本密集型行业更加显著。任保全等（2016）的研究表明，与出口相比，本土市场需求对技术创新的驱动力更强。然而，市场需求和市场规模的扩大都依赖于高度统一的国内市场。余东华和王青（2009）的研究发现，市场分割对制造业技术创新能力的形成和提升具有显著的负面影响，认为建立统一、规范、竞争有序的国内大市场才能够提升产业技术创新能力，增强产业市场竞争力。张杰和周晓燕（2011）的研究结果表明，市场分割限制了"需求引致创新"功能的发挥，认为市场分割是中国企业自主创新动力不足的重要原因。邓峰和杨婷玉（2019）考察了市场分割与省域创新效率的空间相关性，研究结果表明，市场分割对创新效率存在十分显著的抑制作用，且这种抑制作用呈现出中部、东部、西部逐渐递减的特点。杨振兵（2016）基于2003—2012年中国30个省份的面板数据，实证检验了要素市场及商品市场一体化对创新效率的影响，结果表明市场一体化对创新效率的当期影响并不明显，但存在滞后的积极影响，认为减少地方政府干预，有效整合要素与商品市场，从长期来看有利于企业自主创新。陈庆江和赵明亮（2018）的研究发现，市场一体化可以通过扩大有效需求规模、提升创新要素配置效率和提高市场竞争强度等途径促进企业技术创新。

2.2.3.3 市场一体化对外贸发展的影响

根据 Krugman（1980）的"本地市场效应"理论，国内大量需求形成的规模经济效应是影响出口竞争力的重要因素。Holmes 和 Stevens（2005）从理论上证明了本土市场规模决定国际贸易模式。Fajgelbaum 等（2011）的研究表明，收入水平的提高通过本土市场效应对产品质量升级产生了显著积极的影响。Parteka 和 Tamberi（2011）以60个国家1985—2004年的面板数据证实了以人口数量度量的市场规模对出口多元化存在显著的促进作用，Jetter 和 Hassan（2012）也得到了相似的结论。中国有14亿人口的庞大市场和巨大的消费潜力，是否可以依托国内市场提升外贸竞争优势，成为学术界广泛关注的问题。邓慧慧（2012）的研究发现，制造业中多数产业的国内需求对出口有显著积极的影响，半数以上产业内需对出口的拉动作用已经超过劳动力禀赋的影响；陈启斐（2013）利用省际面板数据实证考察了扩大内需对中国出口贸易的影响，结果表明内需的提高能够促进出口贸易扩张，但存在明显的地区差异。唐宜红和姚曦（2015）的研究表明，扩大内需的经济政策能够优化出口贸易结构，提高出口产品竞争力。王永培（2016）利用企业微观数据验证了内需规模和行业地理集聚对提高企业出口参与度和出口强度的积极影响。大量研究论证了中国"本地市场效应"的存在，但是内需的扩大以及规模经济的形成都依赖于高度统一的国内大市场，国内市场一体化是中国大国经济优势发挥作用的前提条件。因此，有理由推断市场一体化可以促进贸易竞争力的提升。然而，从国内市场一体化的视角，研究其对外贸发展的影响效应的文献并不多见。已有成果多从市场一体化的对立面"市场分割"的角度来探讨其对外贸发展的影响。例如，朱希伟等（2005）认为，国内市场分割导致企业无法依托国内市场需求发挥规模经济效应，从而被迫"舍近求远"选择出口。张杰等（2010）的研究发现市场分割会促使创新能力低、资本密集度高的本土企业出口增加。陈媛媛（2013）采用 2004 年细分地区、行业的工业数据，考察了劳动力、资本和产品市场分割对出口竞争力的影响，发现劳动力市场和资本市场分割会通过行业特征抑制出口竞争力，而产品市场分割对出口竞争力的影响不明显。高宇（2016）采用世界银行对中国企业 2004 年投资环境调查及工业企业的合并数据，实证检验了地区及行业层面的市场一体化程度对企业出口的影响，结果表明企业面临的市场一体化程度越低，越倾向于选择出口。这些研究普遍认同国内市场分割对中国特定时期低附加值产品的出口扩张起到推进作用，但从长期来看不利于贸易结构的调整优化。

2.3　市场一体化对出口技术复杂度的影响研究

尽管现有研究对市场一体化（或市场分割）与经济增长和技术进步的关系进行了分析检验，也关注市场一体化对出口规模和贸易结构的影响效应，但专门针对国内市场一体化与出口技术复杂度的关系进行研究的文献仍然较少，目前仅见于毛其淋（2012）和刘洪铎等（2013）的研究。毛其淋（2012）构建了国内市场一体化对出口技术水平影响的数理模型，并基于金融发展视角，利用两阶段最小二乘法（2SLS）实证检验了中国国内市场一体化与出口技术水平之间的关系。研究结果表明，国内市场一体化对出口技术水平存在显著稳健的积极作用，且在金融发展水平越高的地区，国内市场一体化对出口技术水平的提升作用越大。刘洪铎等（2013）阐释了市场分割制约出口技术复杂度的内在机制，并利用中国省际面板数据从市场整合和市场分割两个维度入手，实证检验了国内市场一体化对出口技术复杂度的影响效应。研究发现，市场分割对出口技术复杂度提升存在阻碍作用，而市场整合对出口技术复杂度提升有显著的促进作用，且内陆地区市场整合变量的估计系数大于沿海地区。

还有一些文献与本书研究主题相近，例如，吕越等（2018）采用2000—2013年微观企业层面数据，从市场一体化的对立面出发，实证检验了市场分割对企业出口国内附加值率的影响，并从所有制、贸易方式、区域和行业要素密集度等多个维度分析了其影响效应的异质性。研究结果表明，市场分割会通过促进中间品进口、抑制创新和提高加工贸易占比三个渠道降低出口国内附加值率，且市场分割对民营企业出口国内附加值率的负面影响大于国有及外资企业，对一般贸易企业的负面效应高于加工贸易企业，东部地区受到的负向影响大于中西部地区，对资本、技术密集型企业的负向影响大于劳动密集型企业。戴魁早（2018）重点关注了国内各地区普遍存在的要素流动障碍，利用中国高技术产业1995—2013年省际面板数据，估计了要素市场扭曲对出口技术复杂度的影响。研究表明，要素市场扭曲通过扭曲收益效应、研发抑制效应、技术锁定效应和人力资本效应等渠道对出口技术复杂度提升产生了显著的抑制作用，但加入世界贸易组织和金融危机后，要素市场扭曲状况不断改善，其对出口技术复杂度的抑制效应逐渐减弱。

2.4　总结与评述

本章对出口技术复杂度和市场一体化方面的相关研究进行了回顾和总结。在关于出口技术复杂度的研究中，尽管现有文献对其概念界定并不完全相同，但是其核心思想和基本内涵是一致的，即出口技术复杂度是反映出口产品种类、技术含量以及生产效率的综合指标。出口技术复杂度这一概念的出现，为研究一国或地区国际分工地位与国际竞争力提供了一个良好的分析工具。诸多学者基于不同理论基础构建了多样化的出口技术复杂度测算方法，主要包括出口相似性指数法、市场份额法、RCA 指数法以及基于 RCA 指数法的修正与改进。测算方法的不断完善，增强了出口技术复杂度评判的科学性和准确性。除了出口技术复杂度测算方法外，出口技术复杂度的影响因素研究也得到了国际贸易学界的普遍关注。国内外学者从物质资本、人力资本和研发投入，进口贸易、FDI与 OFDI，金融发展，基础设施和物流发展，制度环境等不同视角对此进行了分析探讨，多数结论证实以上因素对出口技术复杂度具有显著的正向促进作用。

由于发达国家已建立统一开放的国内市场，近年来西方学者对国内市场一体化研究关注较少。中国学者对国内市场一体化问题的关注始于20 世纪 80 年代，市场一体化的概念和内涵随着实践的发展而不断扩展、深化和完善。本书将市场一体化的概念界定为：国内各地区间"经济边界"消失，商品、生产要素流动和企业跨地区经营障碍消除，形成统一开放、竞争有序的国内统一大市场的状态和过程。为准确认识和科学把握市场一体化的概念，本书还对经济一体化、区域一体化、市场化和市场分割等相关概念与市场一体化概念的异同进行了辨析。在市场一体化的测算方法中，生产法、贸易法和价格法三种方法应用相对成熟和广泛。但与其他方法相比，Parsley 和 Wei（2001）的价格法理论基础逻辑严谨，数据齐全易于获取，可以更加全面、准确和直观地反映市场一体化的阶段性特征和动态趋势，因此被大多数学者采纳应用。现有研究普遍认同国内市场一体化对经济增长和技术进步具有显著的积极影响，而国内市场分割虽然对中国特定时期低附加值产品的出口扩张起到推进作用，但从长期来看不利于贸易结构的调整优化。

现有研究成果对本书具有重要的参考价值和借鉴意义，但仍存在以下几点不足。

第一，在指标测算方法上，多数文献采用 Hausmann 等（2007）的方法对出口技术复杂度进行测算，没有剔除加工贸易对出口技术复杂度测算带来的偏差；部分剔除加工贸易测算出口技术复杂度的文献，数据处理过程过于粗略，缺乏严谨性，不能准确反映一国真实出口技术水平和贸易竞争力。在国内市场一体化水平测算中，多数文献仅选取了八九类商品价格指数进行测算，选择的商品种类数目偏少，从而导致价格指数代表性不足；且多数文献仅基于相邻省份价格差异对国内市场一体化水平进行测算，不能准确、全面地反映各省份间市场整合程度。

第二，尽管已有文献从多个视角对出口技术复杂度的影响因素进行了探讨，但很多研究使用了跨国面板数据，着重于将中国与其他国家出口技术复杂度进行对比分析，探寻中国出口技术复杂度提升的动因，而缺乏对中国特有"内部因素"的深度剖析，尤其是关注国内市场一体化对出口技术复杂度的提升作用的文献偏少。在国内经济转型升级的关键时期和全球经贸风险及不确定性加剧的背景下，立足中国特有的大国经济优势，深入探讨国内市场一体化对出口技术复杂度的影响效应与机制，无疑具有重要的理论价值与现实意义。

第三，全国统一大市场的形成必然离不开各省份及全国总体市场一体化程度的提升，而现有研究对京津冀、长三角、珠三角等区域一体化问题关注较多，对全国整体市场一体化问题关注较少。从市场一体化的对立面——市场分割的角度进行实证考察的文献居多，且大多数研究集中于市场分割对贸易规模的影响。近年来，随着中国市场化改革进程日益深化，地区间贸易壁垒和市场分割局面逐渐被破除，国内市场一体化程度已有大幅提升，在此背景下，研究者更应基于经济学的基本分析框架，关注国内市场一体化对出口结构和技术水平的积极影响，以及如何充分发挥和释放这种积极效应。

第四，近年来国内市场一体化进程持续推进，外贸发展形势也发生较大变化，而现有相关研究所用数据多来源于2013年以前的微观企业数据或行业数据，数据较为陈旧，缺乏时效性和针对性。虽然微观层面数据具有样本大、指标多和时间长等优点，但存在指标缺失、异常，样本匹配混乱，变量定义模糊等诸多问题，如果处理不当，容易对实证结果准确性造成一定的影响。

第五，由于中国各行业要素密集度存在差异，区域经济发展具有非均衡性以及金融危机过后国际贸易环境和国内经济形势出现较大变化，

46

基于总体样本的检验可能掩盖行业及区域特征。现有研究虽然验证了国内市场一体化对出口技术复杂度的重要作用，但缺乏对不同行业、区域及时期异质性的考察，也未对国内市场一体化促进出口技术复杂度提升的理论机制进行深入分析与实证检验，同时忽略了国内市场一体化与出口技术复杂度之间可能存在的非线性关系以及空间关联效应。

基于此，本书将在前人研究的基础上，对出口技术复杂度与国内市场一体化水平进行更为准确的测算，在系统阐释国内市场一体化对出口技术复杂度的影响机制的基础上，对国内市场一体化对出口技术复杂度的总体影响，行业、区域及时期异质性，以及国内市场一体化影响出口技术复杂度的传导机制、门槛效应及空间溢出效应进行实证检验，并提出相应的政策建议，以弥补已有研究的不足，对该领域研究作出一定的边际贡献。

第3章 国内市场一体化与出口技术复杂度的现状分析

本章对中国出口技术复杂度和国内市场一体化水平进行更为准确的测算，并对其发展现状及变化趋势进行深入分析，直观判断二者之间的动态演进关系，为后续研究提供指标、数据支撑和现实基础。具体结构安排如下：3.1节介绍出口技术复杂度指标测算方法和数据来源，并对中国制造业各子行业，劳动密集型、资本密集型和技术密集型三大类行业以及不同省份和东部、中部、西部三大区域出口技术复杂度进行测算，从不同角度阐释中国出口技术复杂度现状与趋势；3.2节介绍市场一体化指标测算方法及数据来源，并对全国总体、三大区域及各省份市场一体化水平进行测算，深入分析国内市场一体化的发展现状及变化趋势；3.3节对中国出口技术复杂度和市场一体化水平变动趋势进行动态比较，直观考察中国出口技术复杂度与国内市场一体化之间的关联特征。

3.1 出口技术复杂度现状分析

3.1.1 测算方法

本书沿用 Hausmann 等（2005）关于出口技术复杂度的定义，即出口技术复杂度是反映出口产品种类、技术含量以及生产效率的综合指标。如前文所述，其测算方法主要包括出口相似性指数法（Schott，2008）、市场份额法（Lall 等，2006）、RCA 指数法（Hausmann 等，2007）以及基于 RCA 指数法的修正与改进（Xu，2007；姚洋和张晔，2008；Koopman 等，2008；陈晓华等，2011）。前三种方法都有其固有缺陷：出口相似性指数法只能衡量一国与参照国在出口技术复杂度上的差距，并不能准确判断该国真实的出口技术水平；市场份额法忽视了小国具有比较优势的产品对出口的影响；RCA 指数法没有考虑产品质量差异和加工贸易对出口技术复杂度的影响。Xu（2007）对 RCA 指数法的修正虽然在一定程度上弥补了 RCA 指数法不能衡量出口产品质量的缺陷，但由于产品价格受到多重因素影响，并不一定由产品质量差异而产生，单纯以产品相对价格水平来反映产品质量反而可能扩大出口技术复杂度测算偏差。长期以来，加工贸易在中国对外贸易中占据重要地位，对推动国内产业发展和经济增长发挥了积极作用。近年来，虽然中国加工贸易比重在逐年下降，但仍占外贸总额的近四分之一（见图 3.1）。以加工贸易方式出口的产品不仅包含了国内技术贡献，还包含了国外其他生产环节的技术贡献，因此把国内生产环节包含的技术含量从整个产品技术含量中分离出来，剔除加工贸易给出口技术复杂度测算带来的偏差，对于准确反映中国真实的出口技术水平和贸易竞争力十分必要。

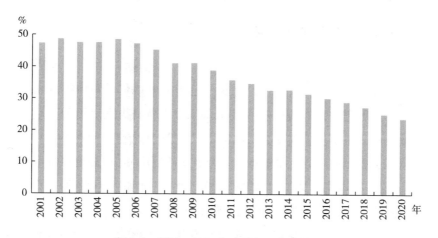

图 3.1　2001—2020 年中国加工贸易比重

（资料来源：《中国贸易外经统计年鉴》及海关总署网站）

在剔除出口产品中进口中间投入部分技术含量的处理方法中，陈晓华等（2011）的方法简便易行，数据齐全、易于获取，可以比较全面真实地反映出口技术复杂度发展变化的动态趋势。因此，本书将沿袭陈晓华等（2011）的研究，对 Hausmann 等（2007）提出的 RCA 指数法进行修正，从而测算出中国制造业各行业及省份层面的出口技术复杂度，计算公式如下：

$$PRODY_{kt} = \sum_c \frac{(1-\theta_{ckt})x_{ckt} / \sum_k (1-\theta_{ckt})x_{ckt}}{\sum_c (1-\theta_{ckt})x_{ckt} / \sum_k (1-\theta_{ckt})x_{ckt}} Y_{ct} \qquad (3.1)$$

$$Soph_{ct} = \sum_k \frac{(1-\theta_{ckt})x_{ckt}}{\sum_k (1-\theta_{ckt})x_{ckt}} PRODY_{kt} \qquad (3.2)$$

式（3.1）和式（3.2）中，c、k、t 分别代表省份、行业和年份，x_{ckt} 表示 c 省 k 行业 t 年度的出口额，θ_{ckt} 表示 c 省份 k 行业 t 年度以加工贸易形式进口的产品（包括进料加工进口和来料加工装配进口）占出口总额的比重，Y_{ct} 为 c 省份 t 年度的实际人均省内生产总值。运用式（3.1）可计算出中国各行业层面的出口技术复杂度。在此基础上，运用式（3.2）以剔除加工贸易形式进口后的各行业出口所占比重为权数，对相应行业技术复杂度进行加权求和，可进一步计算出各省份出口技术复杂度 $Soph_{ct}$。

3.1.2　数据来源及说明

现有研究多表明，中国出口技术含量在进入 21 世纪后不断提升（Rodrik，2006；Schott，2008），尤其是近年来出口贸易整体技术水平快速提高。同时考虑到中国在 2001 年底加入世界贸易组织（WTO）后，贸易投资环境发生了显著改变，因此本书以 2002 年为研究起点。而在本书写作时实证模型中多数变量数据只更新到 2017 年，且西藏地区部分年份数据不全，故本书选取中国 2002—2017 年 30 个省级行政区（西藏除外）[①] 商品贸易数据来测算出口技术复杂度。

进料加工进口、来料加工装配进口及出口数据均来源于国务院发展研究中心信息网（以下简称国研网）统计数据库，各省份人均生产总值数据来源于历年《中国统计年鉴》。[②] 国研网对外贸易统计数据库提供了

---

① 涉及 22 个省、4 个自治区和 4 个直辖市（不含港澳台地区），为了行文方便，本书统称为省份。

② 为消除价格因素影响，本书采用各省份人均生产总值指数（2000 年 = 100）对各省份人均生产总值进行缩减从而得到各省份实际人均生产总值数据。

各省份二十二大类、98 章、1200 多种海关 HS 四位码商品的进出口数据①。多数学者在计算出口技术复杂度时，使用了商品大类层面的进出口数据，并对部分商品进行了剔除。例如，陈晓华等（2011）将第一类（活动物、动物产品）、第二类（植物产品）、第三类（动、植物油等）、第四类（食品、饮料、烟草等）、第五类（矿产品）等技术含量较低的初级产品，以及第十四类（珠宝、贵金属及其制品等）、第二十类（杂项制品）、第二十一类（艺术品、收藏品及古物）和第二十二类（特殊交易品及未分类商品）等他们认为不能代表生产率及技术水平或所属产业不明晰的产品进行了剔除，最终只选取了十二大类商品数据计算出口技术复杂度；毛其淋（2011）则剔除了第十四类、第二十类、第二十一类及第二十二类商品，最终选择了十七大类商品贸易数据计算出口技术复杂度。由于海关 HS 编码同一大类甚至同一章节商品可能分属于不同行业，这种直接以商品大类贸易数据计算出口技术复杂度的方法过于粗略，不能反映制造业各行业出口技术水平的差异化特征。由于国研网各类产品贸易数据是按 HS 编码进行分类的，而中国制造业行业划分使用的是《国民经济行业分类》，要更为准确地计算中国制造业各行业出口技术复杂度，需要将二者进行匹配。现有文献多借鉴盛斌（2002）所整理的中国工业行业与中国海关 HS 编码的对应关系进行归类，但由于近年来国家统计局多次调整国民经济行业分类标准，部分行业归类已发生变化，因此本书根据《国民经济行业分类》（GB/T 4754—2011）对盛斌（2002）整理的对应表进行了适当调整，并据此将 HS 四位码商品归类汇总到 27 个制造业行业之中。②

---

① 由于第十九类（武器、弹药及其零件、附件）商品贸易数据未公布，可获得数据实际只有二十一大类。

② 《国民经济行业分类》国家标准于 1984 年首次发布，分别于 1994 年和 2002 年进行修订，2011 年第三次修订，2017 年第四次修订，《国民经济行业分类》（GB/T 4754—2017）自 2017 年 10 月开始实施。由于本书研究样本期间为 2002—2017 年，因此参照样本期间最新标准《国民经济行业分类》（GB/T 4754—2011）对盛斌（2002）整理的对应表进行调整。《国民经济行业分类》（GB/T 4754—2011）将制造业分为 30 个细分行业，基于数据可获得性和完整性，本书将"其他制造业""废弃资源综合利用业""金属制品、机械和设备修理业"从制造业行业中剔除，并将"汽车制造业""铁路、船舶、航空航天和其他运输设备制造业"合并为"交通运输设备制造业"，以 27 个行业作为分析对象，调整后的中国制造业行业分类与 HS 四位编码商品匹配表见附录 A。

由于国民经济行业分类较为细致，若直接分 27 个行业对出口技术复杂度进行测算，部分行业会出现 θ 值大于 1 的情况，即行业进料加工和来料加工装配进口额大于出口额，从而导致行业出口技术复杂度为负值。针对此问题，现有研究主要有三种解决方式：一是对加工贸易进口量较大而导致负值的产品进行全部剔除（郭亦玮等，2013）；二是将加工贸易进口额滞后一期处理（王正新和朱洪涛，2017）；三是从出口总额中直接剔除加工贸易出口额（童文洁，2017）。然而，将导致指标为负的产品全部剔除可能会高估出口技术复杂度。对于连续多年加工贸易进口大于出口的行业，滞后一期并不能消除指标为负的情况。而从出口总额中直接剔除加工贸易出口，会剔除中国在加工贸易环节的技术贡献，从而低估出口技术复杂度。本书研究发现，出现加工贸易进口额大于出口总额的行业多为以提供中间品为主的行业，如造纸和纸制品业、化学纤维制造业、黑色及有色金属冶炼和压延加工业、仪器仪表制造业等。因此，本书将出现加工贸易进口额大于出口总额的行业与其下游及相关行业进行了合并，最终将 27 个细分行业汇总为 20 个行业，从而消除了绝大多数行业出口技术复杂度为负值的情况，最大限度地减少了指标测算偏差。[①]

3.1.3　各行业出口技术复杂度现状分析

采用上述方法和数据，本书首先计算得出 2002—2017 年中国 20 个制造业行业的出口技术复杂度，如表 3.1 所示。可以看出，2002—2017 年中国各行业出口技术复杂度呈逐年上升趋势。各行业出口技术复杂度平均值由 2002 年的 11091 元增加到 2017 年的 49545 元，提升幅度近 3.5 倍，年均增长率为 10.55%。这表明 2002 年以来，中国制造业各行业出

---

① 本书将农副食品加工业、食品制造业合并为"食品加工和制造业"，将木材加工和木、竹、藤、棕、草制品业及家具制造业合并为"木材加工和家具制造业"，将造纸和纸制品业、印刷和记录媒介复制业合并为"造纸印刷制造业"，将黑色金属冶炼和压延加工业、有色金属冶炼和压延加工业、金属制品业合并为"金属及金属制品业"，将计算机、通信和其他电子设备制造业及仪器仪表制造业合并为"计算机、通信电子设备及仪器仪表制造业"，由于化学纤维制造业的下游产业主要为纺织业，且化学纤维制品在海关 HS 编码中与纺织品属于同一产品大类，因此本书参照祁飞和李慧中（2012）的研究将化学纤维制造业并入纺织业。行业合并后仍有极少数行业存在 θ 值大于 1 的情况，本书对这些加工贸易进口额过大的中间品进行了剔除。

口技术含量、生产效率及国际竞争力获得大幅提升。从各行业样本期间均值来看，中国出口技术复杂度最高的行业为计算机、通信电子设备及仪器仪表制造业，平均值达 38010 元，其次为文教、工美、体育和娱乐用品制造业（值为 33765 元）、专用设备制造业（值为 32299 元）和通用设备制造业（值为 32113 元）。而出口技术复杂度最低的是酒、饮料和精制茶制造业以及烟草制品业，二者出口技术复杂度均值都在 20000 元以下。这说明，作为"高新技术"制造业的代表，计算机、通信电子设备及仪器仪表制造业的出口技术复杂度在所有行业中处于较高层次，具有较强的产业竞争力。文教、工美、体育和娱乐用品制造业虽然属于传统劳动密集型行业，但整体市场规模较大，仍然具有较强的比较优势和出口竞争力。专用设备制造业和通用设备制造业等装备制造业也具有较高的出口技术水平。而酒、饮料和精制茶制造业以及烟草制品业本身加工精密度较低，出口技术复杂度在所有行业中处于较低水平。

　　从平均增长速度来看，金属及金属制品业出口技术复杂度提升速度最快，出口技术复杂度由 2002 年的 7470 元，增长至 2017 年的 50627 元，平均增长率达 13.61%，橡胶和塑料制品业、化学原料和化学制品制造业出口技术复杂度也得到快速增长，平均增长率分别达到 11.87% 和 11.77%。而出口技术复杂度增长率最低的是计算机、通信电子设备及仪器仪表制造业，平均增长率仅为 8.48%。这说明自中国加入 WTO 后，金属及金属制品业产品结构不断优化，产品档次不断提高，生产能力和产品技术含量得到快速提升。橡胶和塑料制品业虽然属于传统行业，但其产品具有制造成本低、功能广泛等特点，是支撑现代社会发展的重要基础材料之一。在国家节能减排力度不断加大的背景下，橡胶和塑料制品业不断推进自主创新，提高产品质量，向多品种、高性能和安全环保方向发展，出口技术复杂度保持较高增速。化学原料和化学制品制造业作为中国重要的基础产业，产品附加值及出口技术水平也得到显著提升。此外，电气机械和器材制造业出口技术复杂度也实现了年均 11.34% 的增长速度，2017 年出口技术复杂度达到 64162 元，居第一位。近年来，电气机械和器材制造业研发投入大幅增加，在中国各行业研发投入排名中一直稳居第二位，仅次于计算机、通信电子设备及仪器仪表制造业，出口技术复杂度具有较大的提升潜力。值得关注的是，计算机、通信电子设备及仪器仪表制造业出口技术复杂度均值虽然排名第一位，但增长速率却相对缓慢。这说明中国计算机、通信电子设备及仪器仪表制造业虽然整体出口技术水平处于国内先进水平，但其创新能力和生产效率仍有待进一步提升。由于中国高技术产业起步较晚，基础较差，目前在很多核心技术和关键部件上仍然受制于人。数据显示，2015年、2016年和2017年计算机、通信电子设备及仪器仪表制造业进口中间投入品比重分别高达33.61%、33.68%和36.07%，表明中国在高端产品领域进口依存度仍然较高，自主创新能力及产品技术水平面临难以迅速提升的困局。此外，交通运输设备制造业和医药制造业作为政府重点支持发展的现代制造业，无论在出口技术复杂度平均值，还是在增长率方面均未取得亮眼的成绩，暴露出它们核心竞争力缺失，产品科技含量和附加值亟待提升的现状。

表3.1　　　　　2002—2017年中国制造业各行业出口技术复杂度　　　　单位：元

行业	2002年	2004年	2006年	2008年	2010年	2012年	2014年	2016年	2017年	均值	平均增长率
计算机、通信电子设备及仪器仪表制造业	15299	22759	31372	39717	43829	44295	47834	50292	51883	38010	8.48%
文教、工美、体育及娱乐用品制造业	14863	18509	23967	29139	34229	36902	47040	54765	56898	33765	9.36%
专用设备制造业	14085	17134	18482	23714	30777	38379	47226	57036	59210	32299	10.05%
通用设备制造业	12203	16895	20946	25951	30152	39106	45963	55456	57353	32113	10.87%
电气机械和器材制造业	12815	15907	20046	25495	30103	38055	44182	55006	64162	31781	11.34%
造纸印刷制造业	13845	17288	21929	27855	32658	34464	43906	51188	54006	31629	9.50%
交通运输设备制造业	11919	14908	17403	21868	29429	36783	45459	52682	56129	30107	10.88%
纺织服装、服饰业	13188	15799	20394	25185	31190	38335	37646	45017	50661	29763	9.39%

行业	2002 年	2004 年	2006 年	2008 年	2010 年	2012 年	2014 年	2016 年	2017 年	均值	平均增长率
医药制造业	10952	13498	16359	20781	27112	37719	45355	50942	51825	29125	10.92%
木材加工和家具制造业	11262	14074	18075	23604	28276	32319	42629	49928	54060	28885	11.02%
橡胶和塑料制品业	10197	13663	16518	22378	26834	32274	41135	49241	54853	28072	11.87%
纺织业	10316	12915	17097	21965	26811	33204	37469	44955	51253	27021	11.28%
皮革、毛皮、羽毛及其制品和制鞋业	11646	13761	17511	21968	26102	30369	36358	40737	45194	26051	9.46%
石油加工、炼焦和核燃料加工业	10156	12171	15701	19622	26262	35015	37926	40622	44269	25906	10.31%
金属及金属制品业	7470	9654	13021	18284	23944	33170	40658	49373	50627	25863	13.61%
非金属矿制品业	9008	11481	14603	19863	23958	28836	35977	41970	46369	24380	11.54%
食品加工和制造业	9412	11448	14097	17480	22490	28168	34720	39574	41957	23242	10.48%
化学原料和化学制品制造业	7450	9359	11605	15110	18971	24881	31829	37423	39525	20624	11.77%
烟草制品业	7763	9016	10697	13579	16541	20240	26864	30116	32105	17767	9.93%
酒、饮料和精制茶制造业	7970	9457	12504	14737	16501	17510	22298	26275	28555	16626	8.88%
行业均值	11091	13985	17616	22415	27308	33001	39624	46130	49545	27651	10.55%

注：限于篇幅，在此只列出偶数年份及 2017 年各行业出口技术复杂度测算结果。表中还列明了 2002—2017 年各行业出口技术复杂度均值及平均增长率。各行业按出口技术复杂度均值降序排列。

资料来源：根据国研网对外贸易数据库及《中国统计年鉴》数据计算而得。

为了观察各制造业行业出口技术复杂度增长的阶段性特征，本书以 2008 年国际金融危机为界，将研究期间分为 2002—2008 年、2009—2017 年两个时期。如图 3.2 所示，中国制造业各行业出口技术复杂度高速增长趋势主要集中在国际金融危机前，各行业平均增速达 12.34%。这说明，中国加入 WTO 后，经济加速融入全球价值链，制造业出口技术水平及市场竞争力迅速提升。2008 年后，除专用设备制造业及烟草制品业外，其他行业出口技术复杂度增长速度均出现不同程度下滑，各行业平均增速降至 9.59%。这主要是由于受金融危机影响，各省份人均生产总值增速下滑，各行业出口份额也出现不同程度的下降，对出口技术复杂度提升形成一定的负面影响。计算机、通信电子设备及仪器仪表制造业出口技术复杂度增长率降幅最大，由 17.23% 降至 2.77%，下降近 15 个百分点。这也从另一个侧面说明中国高新技术产业缺乏核心技术和竞争力，对外资、外贸和外部技术存在较大依赖，抗风险能力和成长性较差，更易受到外部需求变化的冲击。同时，金属及金属制品业、非金属矿制品业、造纸印刷制造业以及文教、工美、体育和娱乐用品制造业出口技术复杂度增长率也出现较大降幅，说明这些传统行业的国际竞争力主要建立在低层次的比较优势之上，外部需求的萎靡使行业发展受到一定的冲击，出口技术水平和生产效率提升速度放缓。

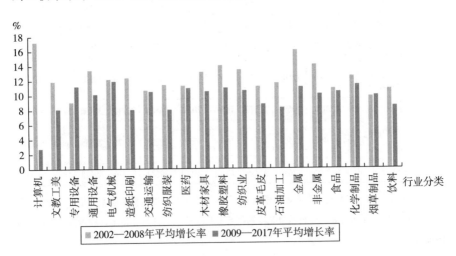

注：限于篇幅，图中对制造业各行业名称进行了简化。

图 3.2　不同时期中国制造业各行业出口技术复杂度平均增长率对比

（资料来源：根据国研网对外贸易数据库及《中国统计年鉴》数据计算而得）

　　为了进一步分析中国制造业各行业出口技术复杂度分布特征及发展趋势，本书对 2002—2017 年中国制造业各行业出口技术复杂度进行了核密度估计（见图 3.3）。可以看出，2002 年以来，中国制造业各行业出口技术复杂度分布状况呈现以下特征：一是核密度曲线波峰不断向右迁移，说明样本期间中国制造业各行业出口技术水平不断提升、出口结构不断优化，出口技术复杂度呈逐年上升趋势；二是核密度曲线由"高、尖、窄"形态，逐渐变为"矮、扁、宽"形态，并且尾部在不断拉长，说明出口技术复杂度分布越来越分散，行业间出口技术复杂度差距有逐渐扩大趋势；三是核密度曲线由期初"双峰"形态，逐渐变为"单峰"形态，表明当前制造业各行业间出口技术复杂度差距虽逐渐扩大，但并未出现两极分化现象。

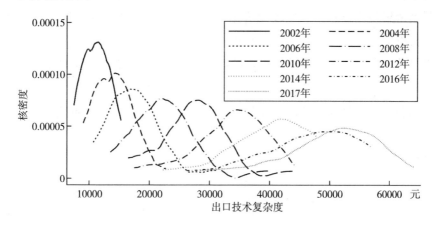

图 3.3　2002—2017 年中国制造业各行业出口技术复杂度核密度

（资料来源：根据国研网对外贸易数据库及《中国统计年鉴》数据计算得出）

为了考察不同类型行业出口技术复杂度发展变化的差异，本书借鉴鲁桐和党印（2014）的研究，将制造业 20 个行业根据要素密集度进一步划分为劳动密集型、资本密集型和技术密集型三大类行业，[①] 并分别计算出 2002—2017 年三大类行业出口技术复杂度均值。图 3.4 描绘了三大类

---

① 将食品加工和制造业，酒、饮料和精制茶制造业，烟草制品业，纺织业，纺织服装、服饰业，皮革、毛皮、羽毛及其制品和制鞋业，文教、工美、体育和娱乐用品制造业，木材加工和家具制造业 8 个行业划分为劳动密集型行业；将造纸印刷制造业，橡胶和塑料制品业，石油加工、炼焦和核燃料加工业，金属及金属制品业，非金属矿制品业，化学原料和化学品制造业 6 个行业划分为资本密集型行业；将计算机、通信电子设备及仪器仪表制造业，电气机械和器材制造业，交通运输设备制造业，通用设备制造业，专用设备制造业，医药制造业 6 个行业划分为技术密集型行业。

行业出口技术复杂度的变动情况。可以看出，在样本期间三大类行业出口技术复杂度均呈现出稳定增长态势。技术密集型行业出口技术复杂度始终保持较高水平。2002—2008年，劳动密集型行业出口技术复杂度高于资本密集型行业，但自2009年起被资本密集型行业所超越。从增长速度来看，资本密集型行业出口技术复杂度提升最快，年均增长率为11.30%，其次是技术密集型行业，年均增长率为10.39%，劳动密集型行业增长相对缓慢，年均增长率为9.99%。这说明近年来中国制造业中资本密集型行业出现加速发展势头，在国际市场的竞争力逐渐增强，而劳动密集型行业的传统比较优势正在逐渐减弱，市场份额不断下降。技术密集型行业出口技术复杂度虽然处于较高水平，但增长速度有待进一步提升。当前，技术、质量和效率竞争已成为国际市场竞争的焦点，只有不断推进劳动、资本密集型行业转型升级，进一步提升技术密集型行业创新能力和科技水平，才能在日益激烈的国际竞争中立于不败之地。

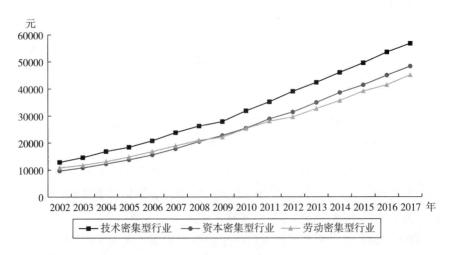

图3.4　2002—2017年中国三大类行业出口技术复杂度变动情况
（资料来源：根据国研网对外贸易数据库及《中国统计年鉴》数据计算得出）

3.1.4　各省份出口技术复杂度现状分析

在运用式（3.1）计算出中国各行业出口技术复杂度的基础上，运用式（3.2）进一步计算出2002—2017年中国30个省份（西藏除外）的出口技术复杂度（见表 3.2）。数据显示，2002—2017 年中国各省份出口技术复杂度呈逐年上升趋势。各省份出口技术复杂度平均值由 2002 年的 10557 元增加到 2017 年的 50454 元，提升幅度近 3.8 倍，年均增长率为 11.04%。分地区来看，东部地区出口技术复杂度平均值最高，其次为中部地区，最后为西部地区。出口技术复杂度排名前五位的全部为东部省份，依次为北京（32246 元）、上海（32238 元）、广东（31790 元）、天津（31708 元）和江苏（31308 元），而出口技术复杂度平均值最低的五个省份均为西部地区，分别是云南（24080 元）、宁夏（24151 元）、贵州（24609 元）、内蒙古（25170 元）和青海（25809 元）。这说明东部发达地区具有较强的科技实力和出口竞争力，出口技术复杂度整体处于全国较高水平，而西部地区受到地理位置、基础设施和人力资本等因素制约，商品和要素流动受阻，经济发展较为落后，出口技术复杂度仍处于较低水平。从平均增长速度来看，西部地区出口技术复杂度提升速度最快，年均增长率达 11.53%，其次为中部地区，平均增长率为 11.17%，而东部地区出口技术复杂度提升速度最慢，平均增长率为 10.47%。青海、甘肃、贵州是出口技术复杂度提升最快的省份，平均增长率均在 12% 以上，而出口技术复杂度增长率最低的地区为天津，平均增长率仅为 9.93%，其次为广东（值为 10.06%）、福建（值为 10.26%）和上海（值为 10.29%），均为东部省份。由此可见，虽然中西部地区出口技术复杂度总体仍处于较低水平，但随着国内改革开放进程不断深入，以及西部大开发和中部崛起等战略政策的实施，中西部地区技术进步步伐加快，出口技术复杂度快速提升，发展势头良好，对东部地区存在一定的追赶效应。而东部地区出口技术复杂度虽整体处于较高水平，但增长后劲略显不足，向更高水平迈进难度加大。

表 3.2　　　　　　　**2002—2017 年中国各省份出口技术复杂度**　　　　单位：元

省份	2002 年	2004 年	2006 年	2008 年	2010 年	2012 年	2014 年	2016 年	2017 年	均值	平均增长率
北京	11955	16534	23090	28522	34348	38241	44292	50758	53712	32246	10.54%
上海	12221	17089	21855	28746	34713	38819	44124	50167	53134	32238	10.29%
广东	12815	17223	21936	27931	33013	37686	43483	50074	53962	31790	10.06%

续表

省份	2002 年	2004 年	2006 年	2008 年	2010 年	2012 年	2014 年	2016 年	2017 年	均值	平均增长率
天津	12854	18001	22806	26538	32483	37193	43092	50361	53197	31708	9.93%
江苏	11904	16540	21434	27139	33140	37630	42893	49559	53264	31308	10.51%
福建	11872	16041	19948	25347	29243	34149	40491	47089	51381	29294	10.26%
浙江	11442	14481	18762	23594	28615	34941	41047	48866	53274	29059	10.80%
辽宁	11535	13878	17396	22009	28439	35140	41227	48201	51064	28552	10.43%
山东	11286	14061	17933	22637	28269	33615	40378	47760	51440	28284	10.64%
河北	10094	12368	15611	21119	27718	33630	40064	47401	50342	27331	11.31%
海南	10456	12267	15902	19677	26217	34555	38519	42609	45861	26319	10.36%
东部地区	**11676**	**15317**	**19698**	**24842**	**30563**	**35964**	**41783**	**48441**	**51876**	**29830**	**10.47%**
安徽	10913	13971	17295	22236	27871	34610	42231	49024	52386	28626	11.02%
黑龙江	11352	13977	18242	21959	27665	34129	40115	47873	51485	28290	10.60%
湖北	11146	13580	17473	22467	27712	34148	40009	47505	50556	28032	10.61%
河南	9845	12119	15725	20909	26547	36102	41205	47573	50085	27570	11.46%
吉林	10539	12860	16775	21292	27242	33662	40394	46420	50084	27494	10.95%
江西	10174	12998	16404	20747	27987	33559	40009	46025	50451	27353	11.27%
山西	9585	11760	15437	19636	25675	34777	41376	47287	49165	26999	11.52%
湖南	9298	11447	14626	20110	25817	33101	40235	47416	50389	26661	11.93%
中部地区	10356	12839	16497	21170	27065	34261	40697	47390	50575	27628	11.17%
重庆	10579	13733	17219	21965	28829	38665	46137	50379	52644	29861	11.29%
四川	11632	13674	16240	22326	30864	38136	43892	47588	50743	29177	10.32%
陕西	11002	13916	16400	21705	27983	34905	43434	51236	54022	28980	11.19%
新疆	10902	13940	17261	22335	27128	33095	38496	45386	50282	27399	10.73%
广西	9292	11592	14833	19831	26966	33565	40005	46224	49142	26625	11.74%
甘肃	8356	10609	14167	19430	25723	33192	39945	46997	49338	26206	12.57%
青海	8336	10213	13858	18810	24347	33571	39485	46081	49697	25809	12.64%
内蒙古	9590	11712	15262	19133	24622	31658	37002	42179	45570	25170	10.95%
贵州	8513	11779	13758	18589	22813	29206	36604	44097	46678	24609	12.01%
宁夏	8498	10538	13827	18152	22775	29692	37726	42849	45361	24151	11.81%
云南	8710	10922	13783	17746	22719	28676	38164	42569	44910	24080	11.55%
西部地区	**9583**	**12057**	**15146**	**20002**	**25888**	**33124**	**40081**	**45962**	**48944**	**26552**	**11.53%**
全国平均	10557	13461	17175	22088	27916	34468	40869	47252	50454	28041	11.04%

注：限于篇幅，在此只列出偶数年份及 2017 年各省份出口技术复杂度测算结果。表中还列明了 2002—2017 年各省份出口技术复杂度均值及平均增长率。省份按东部、中部、西部地区进行分类并按出口技术复杂度均值降序排列。

资料来源：根据国研网对外贸易数据库及《中国统计年鉴》数据计算得出。

　　从全国各省份排名来分析，北京作为国家首都和全国科技创新中心，具有丰富的科技智力资源和得天独厚的优越条件，其出口技术复杂度一直位于全国前五位。而上海作为中国开放程度最高、经济活力最强的区域之一，其出口技术复杂度历年排名也位于全国前列，但 2017 年下滑至第 7 位。广东、天津地区出口技术复杂度处于全国领先水平，但排名出现一定程度的波动。2006 年前，天津出口技术复杂度一直居于全国第一位，之后位次逐渐滑落，2017 年居全国第 6 位，广东在 2015 年、2016 年也一度下滑到第 6 位。在全国各省份中，重庆和陕西出口技术复杂度排名升幅最大。2002 年，重庆出口技术复杂度排名仅处于第 16 位，2011—2016 年排名均进入全国前三位。重庆作为唯一地处内陆地区的直辖市，近年来凭借着良好的区位优势和产业基础，承接了大量来自东部沿海地区的产业转移。2010 年，重庆与北京、上海、天津、广州共同成为首批国家中心城市，对外开放、产业发展步入"快车道"，这也推动了其出口技术复杂度的快速提升。然而随着东部地区产业转移红利逐渐消失，重庆开始遭遇增长瓶颈，面临内外部转型困境，2017 年出口技术复杂度跌落至全国第 8 位。随着国家"一带一路"倡议的实施，作为古丝绸之路起点的陕西，迎来重要发展机遇。近年来，陕西产业结构不断优化，现代交通体系建设不断提速，营商环境进一步改善，经济动能不断增强，对其出口技术水平和生产效率提升发挥了重要的推进作用。数据显示，陕西出口技术复杂度从 2003 年的排名第 13 位逐渐上升至 2015 年的全国第一位，并且 2015—2017 年连续三年保持在全国第一位的位次。

　　为观察各省份出口技术复杂度增长的阶段性特征，本书以国际金融危机为界限，将研究期间分为 2002—2008 年、2009—2017 年两个时期。图 3.5 显示，中国各省份出口技术复杂度高速增长趋势主要集中在 2008 年以前，各省份平均增速为 13.08%。尤其是东部地区出口技术复杂度快速增长，平均增长率为 13.32%，其中北京、上海和江苏年均增速都在 14% 以上。改革开放后，中国东部沿海地区依托区位、体制、政策等方面的先发优势，大力发展外向型产业，外贸总额大幅增加，尤其是加入

WTO 后出口技术水平及市场竞争力迅速提升。2002—2008 年，西部地区出口技术复杂度年均增长率达到 13.13%，这说明 2002 年以来西部大开发战略的实施和对外开放步伐的加快带动了西部地区对外贸易快速发展，出口技术水平和生产效率不断提升。2008 年后，全部省份出口技术复杂度增长速度均出现不同程度下滑，各省份平均增速降至 9.44%。东部地区出口技术复杂度增速降幅最大，平均增长率由金融危机前的 13.32% 降至 8.43%，特别是北京、上海地区下降近 9 个百分点，广东和江苏地区也出现较大降幅。这充分说明中国各地区，尤其是东部沿海地区对外依存度过高，出口产品附加值相对较低，抵御外部风险的能力较差。金融危机使沿海省份出口企业受到一定的冲击，利润空间受到挤压，出口技术水平和生产效率提升速度放缓。而中西部地区出口技术复杂度降幅相对较少，这一方面是由于内陆地区对外依存度整体较低，外向型企业较少，受到的金融危机冲击较为有限；另一方面随着国内制造业梯度转移加快，一些加工贸易企业逐步将产能向内陆转移，客观促进了中西部省份对外贸易快速发展和出口技术复杂度提升。

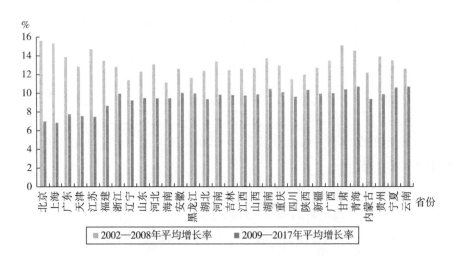

图 3.5　不同时期中国各省份出口技术复杂度平均增长率对比

（资料来源：根据国研网对外贸易数据库及《中国统计年鉴》数据计算而得）

为了进一步分析中国各省份出口技术复杂度分布特征及发展趋势，

本书对 2002—2017 年中国各省份出口技术复杂度进行了核密度估计（见图 3.6）。从核密度曲线的动态变化来看，2002 年以来，核密度曲线波峰不断向右迁移，说明样本期间中国各省份出口技术水平不断提升、出口结构不断优化，出口技术复杂度呈逐年上升趋势；观察核密度曲线形态发现，2002—2008 年，核密度曲线由"高、尖、窄"形态，变为"矮、扁、宽"形态，说明出口技术复杂度分布逐渐分散，各省份间差距不断拉大，虽然 2010—2012 年省份间出口技术复杂度差距有所减小，但近年来又有扩大趋势；从波峰形态来看，2004—2012 年，核密度曲线存在两个显著峰，左峰对应的核密度数值较大，右峰对应数值相对较小，说明在此期间中国出口技术复杂度水平较低的地区多于出口技术复杂度水平较高的地区，少数省份发挥了"领头羊"作用。2014 年核密度曲线由双峰形态变为单峰形态，表明各省份出口技术复杂度同步提升，而2016 年、2017 年核密度曲线又转化为双峰形态，且右峰对应的核密度数值高于左峰对应数值，说明全国整体出口技术水平进一步提高，但发挥"领头羊"作用的省份有所减少，且仍有少数省份出口技术复杂度处于低水平。

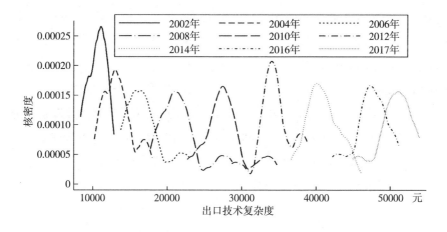

图 3.6　2002—2017 年中国各省份出口技术复杂度核密度

（资料来源：根据国研网对外贸易数据库及《中国统计年鉴》数据计算而得）

3.2 国内市场一体化现状分析

3.2.1 测算方法

本书将市场一体化界定为：国内各地区间"经济边界"消失，商品、生产要素流动和企业跨地区经营障碍消除，形成统一开放、竞争有序的国内统一大市场的状态和过程。如前文所述，在测算市场一体化的方法中，生产法、贸易法和价格法相对成熟和广泛。生产法虽然具有直观、简便、可操作性较强的优势，但市场一体化与地区产业结构并不存在必然联系，在市场一体化的不同阶段，其对产业结构的影响方向也并不一致，因此仅依据产业结构数据来判断市场一体化水平具有一定的偏差。贸易法通过区域间贸易流量大小来测算国内市场一体化水平，与国内市场一体化的经济含义较为吻合，但面临数据来源不统一、数据不连续、数据质量参差不齐、代表性不足等诸多问题。在价格法中，基于相对价格时间序列单位根检验判断市场一体化水平的方法只能判断相对价格是否趋于收敛，不能描述收敛过程的阶段性特征和市场一体化水平的动态变化。而 Parsley 和 Wei（2001）以相对价格方差变动来反映市场一体化程度的方法理论基础逻辑严谨，数据齐全易于获取，可以更加全面、准确和直观地反映市场一体化的阶段性特征和动态趋势，因此被大多数学者采纳应用。因此，本书将基于价格法的思想，参照盛斌和毛其淋（2011）的做法，在利用 Parsley 和 Wei（2001）的相对价格法计算市场分割指数的基础上，对国内市场一体化水平进行测算。指标计算步骤如下。

第一，对各省份进行两两组合，并计算组合省份间不同商品的相对价格差异 $|\Delta Q_{ijt}^{k}|$ [①]，计算公式为

$$\Delta Q_{ijt}^{k} = \ln(PI_{it}^{k}) - \ln(PI_{jt}^{k}) \tag{3.3}$$

其中，i、j 表示不同省份，k、t 分别代表商品种类及年份，PI 为商品零售价格指数。

[①] 由于相对价格差异只与价格波动幅度有关，而与价格变化方向无关，将 ΔQ_{ijt}^{k} 取绝对值。

第二，由于 $|\Delta Q_{ijt}^k|$ 包含了因商品自身特性导致价格变动的因素，可能高估由省份间贸易壁垒形成的实际市场分割程度。为此，采用 Parsley 和 Wei（2001）提出的去均值法，剔除与商品异质性相关的固定效应导致的系统偏误，只保留由省份间市场环境差异及随机因素导致相对价格变动的部分 q_{ijt}^k，计算公式为

$$q_{ijt}^k = |\Delta Q_{ijt}^k| - \overline{|\Delta Q_t^k|} \tag{3.4}$$

第三，计算省份组合间各类商品的相对价格方差 $\mathrm{Var}(q_{ijt}^k)$，并将其按省份合并，从而得到各省份的市场分割指数 $Segm_{it}$，其计算公式为

$$Segm_{it} = \left[\sum_{i \neq j} \mathrm{var}(q_{ijt}^k) \right] / N \tag{3.5}$$

其中，N 表示省份组合数目。如北京的市场分割指数为北京与全国其余各省份组合相对价格方差的均值；全国的市场分割指数为所有省份组合间相对价格方差 $\mathrm{Var}(q_{ijt}^k)$ 的均值。

第四，以市场分割指数为基础，测算市场一体化指数 $Integ_{it}$，计算公式为

$$Integ_{it} = \sqrt{1/segm_{it}} \tag{3.6}$$

一个省份市场一体化指数越大，说明它对商品、要素流入流出及企业跨地区经营限制越少，市场一体化水平越高。全国整体及东部、中部、西部的市场一体化指数则反映了区域内全部省份市场一体化的平均水平。

3.2.2 数据来源及说明

由于大量研究已对 2001 年之前的市场分割或市场一体化水平进行了测算，所得结论基本一致，且众多研究表明，在 2001 年后国内市场一体化水平得到大幅提升（范爱军等，2007），同时为了与本书实证模型其他变量数据研究期间保持一致，本书选取 2002—2017 年 30 个省份（西藏除外）的商品零售价格分类指数构建三维（$t \times i \times k$）面板数据来测算市场一体化水平，数据来源于历年《中国统计年鉴》。目前，多数研究仅基于八九类商品的价格指数对市场一体化水平进行测算，选择的商品种类数目偏少，从而会导致价格指数代表性不足。基于此，本书在保持数据连贯性及统计口径一致性的前提下，最终选取粮食、水产品、饮料烟酒、

服装鞋帽、纺织品、家用电器及音像器材、日用品、化妆品、中西药品及医疗保健用品、书报杂志及电子出版物、燃料、建筑材料及五金电料12类商品的零售价格指数进行指标测算，从而使商品种类覆盖面更为广泛，进一步增强市场一体化指数的代表性。[①] 目前，多数文献仅基于相邻省份价格差异对国内市场一体化水平进行测算，其基本假设是：一个省份对相邻地区设置贸易壁垒，也自然会对其他省份设置贸易壁垒，市场一体化趋势也将首先出现在相邻省份之间（桂琦寒等，2006；陆铭和陈钊，2009）。然而，现实中贸易壁垒不仅存在于相邻省份之间，也存在于非相邻省份之间，一个省份与相邻省份市场一体化水平提高，并不代表其与其他省份间贸易壁垒的降低。为保护本地经济利益，一个省份对与其存在相关产业竞争的省份均会设置贸易壁垒，而无论省份间是否相邻。而产业结构相似度低，资源互补性强的省份间也更易实现市场整合，即使二者不是相邻省份，也是如此。因此，仅基于相邻省份价格差异对指标进行测算，可能会高估国内市场一体化水平。本书借鉴盛斌和毛其淋（2011）的做法，将市场一体化水平的测算范围扩展至国内整个市场，而不是局限于相邻省份，共计算出 2002—2017 年 435 对省份组合 12 类商品的相对价格方差 $\mathrm{Var}(q_{ijt}^{k})$，并根据式（3.5）和式（3.6）计算出各省份市场一体化指数，以期更为准确地衡量国内市场一体化水平及变动趋势。

3.2.3　国内市场一体化总体趋势分析

图 3.7 描绘了 2002—2017 年全国总体以及东部、中部、西部地区市场一体化水平的变动趋势。可以看出，2002 年以来，国内市场一体化水平虽然在个别年份出现较大波动，但总体上呈不断上升趋势，三大区域与全国总体市场一体化水平及变动趋势基本相同。2004 年国内市场一体

---

① 《中国统计年鉴》共列明了 22 类商品的零售价格指数。本书未选择菜类、金银饰品类商品，是因为蔬菜较易腐烂，地区间价格差异受运输条件和地理距离影响较大，而金银饰品的价格受其稀有性、开采难易程度等自然因素以及国际贵金属价格波动等不确定因素影响较大，从而会影响指标测算的准确性。油脂类、肉禽及其制品类、蛋类、干鲜瓜果类、文化办公用品类、体育娱乐用品类、交通通信用品类以及家具类 8 类商品零售价格指数在样本期间并不连续，基于数据连贯性及统计口径一致性，本书未选择以上类别的商品。

化指数大幅下降,由 2003 年的 57.53,降至 44.47。这可能与 2004 年的禽流感疫情以及国内部分商品价格大幅上涨有关。2004 年中国 CPI 涨幅达到 3.9%,为 1997 年以来最高涨幅,由于各省份商品供求关系并不一致,省份间相对价格波动幅度差异较大。2007—2009 年,国内市场一体化水平出现最大幅度的下降,2007 年全国市场一体化指数为 73.13,2009 年降至 52.07,降幅近 30%,东部地区降幅更是高达 35.35%,中西部地区下降幅度相对较小。原因可能在于,国际金融危机给中国经济带来较大冲击,市场需求的萎缩和持续低迷导致许多企业面临生存危机,为帮助企业渡过难关,保护地方经济利益,各省纷纷推出各种显性或隐性的优惠政策,对本地企业、产品和资源进行保护,从而加剧了国内市场分割,造成市场一体化程度大幅下降。而东部地区受国际金融危机影响尤为显著,因而地区封锁和贸易壁垒更加严重,从而导致市场一体化程度更大幅度的下降。随着国际金融危机的影响不断减弱,国内市场整合程度不断提升。在经历 2007 年、2008 年连续两年下降后,2009 年中部和西部地区市场一体化水平已开始回升,东部地区在 2010 年市场一体化水平也出现大幅上升。2010 年后国内市场一体化进程明显加快,并在 2014 年达到历史高点。本书认为,2010—2014 年国内市场一体化水平快速提升的原因可能有以下几点:一是中国市场化改革进程不断加快,市场在资源配置中的作用更加突出,市场信息更加透明、供需渠道更加通畅,促进了国内市场一体化水平的提升;二是高速公路建设的加速推进以及以高铁网络密度和速度的提升,极大增加了省份间交往的便利性,密切了区域间的经济联系,对市场一体化起到推进作用;三是电子商务的蓬勃兴起和现代物流网络的不断完善,减少了商品交易的中间环节,促进了商品在全国范围内的自由流动,提高了省际贸易流通效率,推进了区域间市场融合。在 2014 年国内市场一体化水平达到最高值后,全国及三大区域市场一体化指数有所下降,这可能与新常态下中国经济下行压力普遍加大,地方保护主义有所抬头有关。

图 3.7 显示,在多数年份,中部地区市场一体化水平高于东部及西部地区,从区域平均值来看,市场一体化水平最高的为中部地区(值为

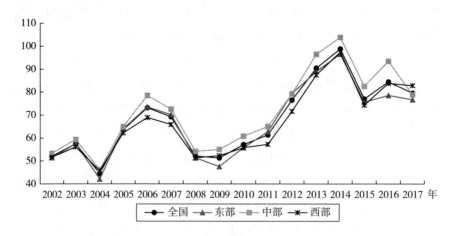

图 3.7　2002—2017 年中国国内市场一体化水平变动趋势

（资料来源：根据《中国统计年鉴》数据计算而得）

71.50），东部地区（值为 66.97）和西部地区（值为 66.53）市场一体化水平相对较低，这与宋冬林等（2014）的结论基本一致。从各区域实际发展情况来看，中部地区资源物产丰富，人均能源、资源拥有量仅次于西部地区，各省份间存在经济发展级差，有利于实现分工合作和优势互补。中部地区凭借地理位置和人力资本优势，成为承接东部产业转移的首选区域，同时又是产业逐步向西部地区转移的跳板，是东西部地区之间联系的中转站、枢纽和桥梁，这样的特殊地位使中部地区在区域交流与合作中呈现更加开放的姿态。同时，与东部地区相比，中部地区对外开放程度较低，地方政府往往更重视与国内其他省份的经济联系，这在一定程度上弱化了市场分割。此外，促进中部崛起战略实施以来，中部地区经济发展水平显著提高，区域合作日益深化，推进了中部地区市场一体化水平的快速提升。而东部省份经济发达，但资源相对稀缺，西部省份经济落后，产业竞争力较弱，这都促使地方政府采取各种或明或暗的干预手段以保护本地产业发展。此外，根据陆铭和陈钊（2009）的观点，东部地区经济开放程度较高，往往利用国际贸易规模经济效应替代国内市场规模经济效应，从而导致市场一体化进程相对滞后。西部地区交通基础设施建设较为滞后，尤其是新疆、甘肃、青海等省份的偏远地区运输距离相对较远，也对其市场一体化造成一定的阻碍。

3.2.4　各省份市场一体化现状分析

2002—2017 年中国各省份市场一体化水平变动趋势如图 3.8 所示。从中可以发现，各省份市场一体化水平与全国总体变化趋势基本一致，呈现波动上升态势，尤其在 2010—2014 年上升趋势较为显著。2017 年与 2002 年相比，全国大部分省份市场一体化水平得到大幅提升。样本数据显示，从各省份市场一体化指数平均增长速度来看，天津市场一体化水平提升最快，2002 年天津市场一体化指数为 29.01，2017 年达到 82.15，年均增长率为 7.19%，其次为重庆和云南，年均增长率分别为 5.22% 和 4.58%。而海南的市场一体化进程则最为缓慢，16 年中增幅不大，尤其是 2017 年市场一体化水平出现较大程度的下降。这可能与其特殊的地理位置相关，由于海南与大陆不相连，商品运送成本较高，从而导致相对价格波动幅度较大。

由图 3.9 可知，16 年间，市场一体化指数平均值最高的 5 个省份为山东（75.83）、辽宁（75.52）、河南（74.10）、福建（73.25）和河北（73.09）；平均值最低的 5 个省份为天津（53.83）、海南（55.42）、重庆（56.92）、上海（58.10）和宁夏（61.38），北京紧随其后，市场一体化指数为 62.30。值得关注的是，北京、上海、重庆和天津四个直辖市的市场一体化指数平均值都处于较低水平。这可能源于直辖市拥有相对较高的自主权，政策实施更具特殊性和灵活性，且直辖市面积较小，便于政府进行干预（陈敏等，2008）。同时，直辖市相对较高的政治地位使其更加注重安全稳定与风险防范，市场化改革偏向于谨慎和保守，与中央政府的特殊关系，也使其更易获得相关资源，这可能导致直辖市与其他地区合作意愿降低，从而对商品及要素流入和流出附加更多限制条件。

为观察各省份市场一体化的阶段性特征，与出口技术复杂度指标一致，本书以 2008 年国际金融危机为界，将研究期间分为 2002—2008 年、2009—2017 年两个时期。图 3.10 显示，2009—2017 年中国各省份市场一

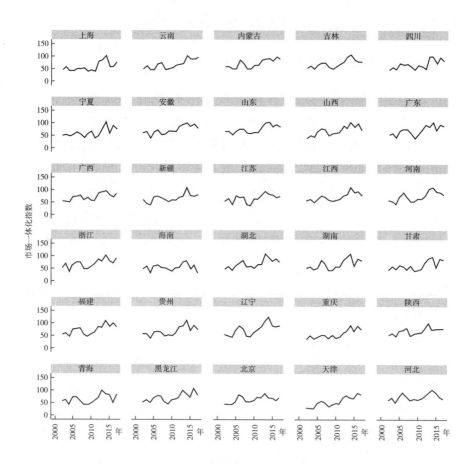

图 3.8　2002—2017 年中国各省份市场一体化水平变动趋势

（资料来源：根据《中国统计年鉴》数据计算而得）

体化水平均值高于 2002—2008 年。2002—2008 年河北、山东和福建的市场一体化水平均值居于前三位，2009—2017 年市场一体化水平均值排名前三位的是山东、辽宁和河南。两个时期相比，市场一体化平均水平提高幅度最大的三个省份分别为天津、重庆和安徽，增幅分别达到69.27%、48.24%和39.89%。这说明天津和重庆虽然市场一体化平均水平较低，但近年来市场一体化进程逐渐加快，安徽在打破市场分割、优化营商环境方面也取得较大进展。而海南、河北、青海提高幅度最小，增幅依次为3.82%、13.54%和19.52%，说明这些省份近年来市场一体化推进较为缓慢。

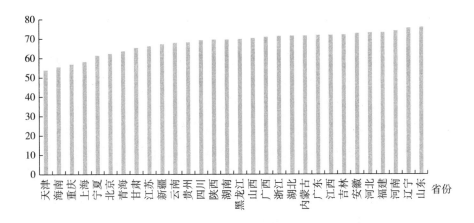

图 3.9　2002—2017 年中国各省份市场一体化指数水平均值

（资料来源：根据《中国统计年鉴》数据计算而得）

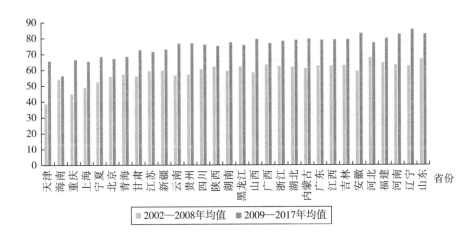

图 3.10　不同时期中国各省份市场一体化指数水平均值对比

（资料来源：根据《中国统计年鉴》数据计算而得）

综上所述，无论从全国和三大区域层面，还是从各省份层面来看，2002—2017 年，国内市场都趋向整合，市场一体化水平得到较大程度的提升，尤其是 2010 年后国内市场一体化进程明显加快，中国区域协调发展战略取得了一定的成效。

3.2.5 稳健性检验

为了验证前文对国内市场一体化水平测算的结果是否稳健，本书借鉴赵奇伟和熊性美（2009）的方法，进一步对市场一体化指数进行面板单位根检验。面板单位根检验的常用方法主要有 LLC 检验、IPS 检验、HT 检验和 Breitung 检验四种形式，由于四种方法各有优劣，本书综合使用了四种检验方法对 2002—2017 年全国和东部、中部、西部地区的市场一体化指数进行检验，以全面考察测算结果稳健性，检验结果见表 3.3。

结果表明，在四种检验方法中，全国及东部、中部、西部三大区域的市场一体化指数均在 1% 的显著性水平上拒绝存在单位根的原假设，接受其在时间上收敛的备择假设，表明全国和东部、中部、西部地区市场一体化趋势并不是一个随机过程，而是有规律的收敛过程，前文关于国内市场一体化水平日趋提升的结论是稳健可靠的。

表 3.3　　　　　　　市场一体化指数面板单位根检验结果

地区	检验方法			
	LLC	IPS	HT	Breitung
全国	− 11.837	− 9.721	− 14.880	− 6.706
	(0.000)	(0.000)	(0.000)	(0.000)
东部	− 7.766	− 5.647	− 8.104	− 3.354
	(0.000)	(0.000)	(0.000)	(0.000)
中部	− 5.251	− 5.182	− 7.480	− 4.734
	(0.000)	(0.000)	(0.000)	(0.000)
西部	− 7.792	− 6.606	− 10.274	− 6.698
	(0.000)	(0.000)	(0.000)	(0.000)

注：括号中为 P 值，四种检验方法均包含截距项和趋势项。

3.3　国内市场一体化与出口技术复杂度的关联特征

3.1 节和 3.2 节分别从不同层面分析了中国出口技术复杂度和国内市场一体化的发展现状与特征。本节将在前两节分析的基础上把二者结合起来进行分析，对中国出口技术复杂度和市场一体化水平变动趋势进行动态比较，以较为直观地考察中国出口技术复杂度和国内市场一体化之间的互动关系，为后文实证检验并深入探究二者之间的联系提供现实基础。

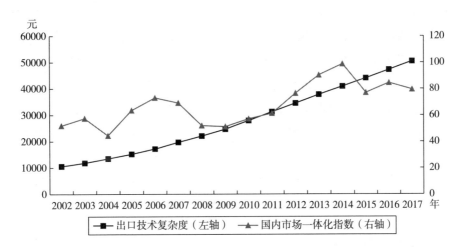

图3.11　2002—2017年中国国内市场一体化水平与出口技术复杂度变动情况

（资料来源：根据国研网对外贸易数据库及《中国统计年鉴》数据计算而得）

国内市场一体化水平代表了国内各地区间商品及生产要素自由流动的程度，而出口技术复杂度反映了出口产品种类、技术含量及生产效率的高低。二者之间是否存在一定内在联系和逻辑关系？现有研究已表明，国内市场一体化不仅对经济增长和技术进步具有显著的积极影响，而且与出口技术复杂度提升存在密切联系（毛其淋，2012；刘洪铎等，2013；吕越等，2018）。从图3.11可以看出，2002—2017年，中国各省份出口技术复杂度均值呈逐年上升趋势，国内市场一体化水平也呈波动上升趋势。2017年与2002年相比，各省份出口技术复杂度平均值均由2002年的10557元增加到2017年的50454元，提升近3.8倍。与此同时，国内市场一体化水平也得到大幅提升。由此可见，中国出口技术复杂度和国内市场一体化水平的变化趋势在总体上是一致的。2002—2017年，在东部、中部、西部三大区域中，西部地区市场一体化水平提升幅度最大，年均增速为3.2%，同时西部地区也是出口技术复杂度提升速度最快的区域，年均增长率达11.53%。2007—2009年，国内市场一体化水平出现大幅下降，2007 年全国市场一体化指数为 73.13，2009 年降至 52.07，降幅近 30%，东部地区降幅更是高达 35.35%，中西部地区下降幅度相对较小。而根据前文数据，中国各省份出口技术复杂度增长速度也在 2008 年后出现不同程度的下滑。东部地区出口技术复杂度增速降幅最大，平均增长率由国际金融危机前的 13.32% 降至 8.43%，而中西部地区出口技术复杂度降幅相对较少。这表明无论从全国总体来看，还是从东部、中部、西部三大区域来看，二者均具有较为相似的变动特征。从各省份数据来看，多数市场一体化水平较高的省份，也具有相对较高的出口技术复杂度，而海南、宁夏、青海等市场一体化水平较低的地区，出口技术复杂度也处于较低水平。由此可以简单推断，中国国内市场一体化与出口技术复杂度提升之间具有一定的内在联系，并表现出正向关联特征，这为后文理论和实证分析提供了现实依据和有力支撑。

3.4　本章小结

本章主要对中国出口技术复杂度和国内市场一体化水平进行了测算与分析，直观描述了二者之间的关联特征，为后续研究提供指标、数据支撑和现实基础。

在 3.1 节中，本书沿袭陈晓华等（2011）的研究，对 Hausmann 等（2007）提出的 RCA 指数法进行了修正，剔除了进口中间投入品对指标计算的影响，测算出中国制造业 20 个行业及 30 个省份的出口技术复杂度。结果表明：2002—2017 年中国各行业及省份出口技术复杂度均呈逐年上升趋势。在行业层面，多数技术密集型行业出口技术复杂度处于较高水平，但增长速度有待进一步提升。资本密集型行业出口技术复杂度提升速度最快，多数劳动密集型行业出口技术复杂度较低，且增长缓慢。国际金融危机后，除专用设备制造业及烟草制品业外，其他行业出口技术复杂度增长速度均出现下滑，其中计算机、通信电子设备及仪器仪表制造业降幅最大。这说明中国计算机、通信电子设备等高技术产业缺乏核心竞争力，抗风险能力和成长性较差，更易受到外部需求变化的冲击，劳动密集型行业传统比较优势正在逐渐减弱，市场份额不断下降。在省份层面，东部发达省份出口技术复杂度处于较高水平，但增长速度相对缓慢，向更高水平迈进难度加大。西部地区出口技术复杂度最低，但增长迅速。国际金融危机后，全部省份出口技术复杂度增长速度均出现不同程度的下滑，其中北京、上海、广东和江苏等东部省份降幅最大，说明中国东部地区对外依存度较高，出口产品附加值相对较低，抵御外部风险能力较差。近年来，发挥"领头羊"作用的省份有所减少，且仍有少数省份出口技术复杂度处于较低水平。

在 3.2 节中，选取 12 类商品的零售价格指数，并将市场一体化水平的测算范围扩展至国内整个市场，而不是局限于相邻省份，利用相对价格法对中国国内市场一体化水平进行了更为准确的测算。结果显示，2002—2017 年国内市场一体化水平虽然在个别年份出现较大波动，但总体上呈不断上升趋势，尤其是 2010 年后国内市场一体化水平提升较快。东部、中部、西部三大区域及各省份与全国总体市场一体化水平及变动趋势基本相同。从区域平均值来看，市场一体化水平最高的为中部地区，其次为东部地区和西部地区，这与现有相关文献结论一致。样本期间市场一体化指数平均值排名前五位的省份依次为山东、辽宁、河南、福建和河北，而天津、海南、重庆、上海和宁夏排名最为落后。但近年来，天津和重庆市场一体化推进速度不断加快，市场一体化水平有较大幅度提升，而海南和河北地区市场一体化推进较为缓慢。为了验证测算结果是否稳健，本书进一步对全国及东部、中部、西部市场一体化指数进行了面板单位根检验，结果显示国内市场一体化趋势是有规律的收敛过程，关于国内市场一体化水平日趋提升的结论是稳健可靠的。

3.3 节在前两节分析的基础上把出口技术复杂度和市场一体化结合起来，对二者之间的变动趋势进行了动态比较，以较为直观地考察中国出口技术复杂度和国内市场一体化之间的互动关系，并由此推断，中国国内市场一体化与出口技术复杂度提升之间具有一定的内在联系，并表现出正向关联特征，为后文理论和实证分析提供了现实依据和有力支撑。

第4章　国内市场一体化对出口技术复杂度影响的机制分析

本章主要从理论层面阐释国内市场一体化对出口技术复杂度的影响和作用机制，并提出相应研究假设。具体结构安排如下：4.1节基于Melitz（2003）的企业异质性贸易理论，构建数理模型分析国内市场一体化影响出口技术复杂度的微观机制；4.2节阐释国内市场一体化影响出口技术复杂度的传导机制；4.3节对国内市场一体化影响出口技术复杂度的门槛效应进行理论分析；4.4节对国内市场一体化影响出口技术复杂度的空间溢出效应进行理论分析。本章初步构建国内市场一体化影响出口技术复杂度的理论分析框架，为后文实证分析提供理论支撑。

4.1　理论模型分析

21世纪初诞生的新新贸易理论打破了传统贸易理论和新贸易理论以产业作为研究对象的束缚，将国际贸易相关变量的研究进一步细化到企业层面，从企业异质性的角度出发，阐释国际贸易成因、结构和利益分配，为国际贸易理论和实证研究提供了全新视角。企业异质性主要表现为企业间生产率的差异，生产效率的提升不仅是企业提高经济效益的重要途径，也是推进社会经济发展的关键因素。Melitz（2003）提出的企业异质性贸易模型，正是从企业生产率差异入手，描述了不同生产率水平的企业进入、退出出口市场及出口扩张的动态，并证明一国出口贸易增长是通过集约边际和扩展边际共同实现的。出口技术复杂度是反映出口产品种类、技术含量以及生产效率的综合指标，是一国或地区国际分工地位与出口竞争力的重要体现。因此，基于企业异质性视角的二元边际分析框架为出口技术复杂度研究提供了坚实的理论基础和新的研究思路。

本书借鉴Chaney（2005）、王永进等（2010）和毛其淋（2012）的研究方法，基于 Melitz（2003）的企业异质性分析框架，阐释国内市场一体化对出口技术复杂度的影响。

4.1.1　需求

假定代表消费者偏好的效用函数为 CES 形式：

$$U = q_0^{1-\mu} \left[\int_{\omega \in \Omega} q\,(\omega)^{\frac{\sigma-1}{\sigma}} d\omega \right]^{\frac{\sigma}{\sigma-1}\mu} \tag{4.1}$$

其中，q_0 表示对同质产品的需求，$q(\omega)$ 表示对差异化产品 ω 的需求，Ω 表示产品种类集合，σ（$\sigma > 1$）表示两种产品之间的替代弹性，μ 表示差异化产品支出比重（以 q_0 为计价物）。由此，国内价格指数可表示为

$$P = \left[\int_{\omega \in \Omega} p\,(\omega)^{1-\sigma} d\omega \right]^{\frac{1}{1-\sigma}} \tag{4.2}$$

其中，$p(\omega)$ 表示差异化产品 ω 的价格。

假定劳动是唯一的生产要素，劳动者数量为 L，由效用最大化条件可得消费者对差异化产品 ω 的需求函数：

$$q(\omega) = \mu L \frac{p\,(\omega)^{-\sigma}}{P^{1-\sigma}} \tag{4.3}$$

消费者总支出即企业总收益可表示为

$$r(\omega) = p(\omega)q(\omega) = \mu L \left[\frac{p(\omega)}{P} \right]^{1-\sigma} \tag{4.4}$$

国外市场需求与此类似，后文将用"$*$"代表国外市场相关变量。

4.1.2　生产与出口决策

用 x 表示出口企业生产率水平，即投入 1 单位中间要素可生产出 x 单位产品。企业进入国际市场，除需要支付运输成本外，还需要支付一定的沉没成本 f_e，以获取市场需求信息、建立分销渠道及品牌推广等。国际贸易往往比国内贸易面临更大的风险及不确定性，并且产品技术复杂度不同的出口企业，所面临的国际市场风险也有所差异。沿用 Levin 和 Tadeis（2010）的研究思路，利用产品属性的种类数反映产品技术复杂度。假定产品每一种属性有 n 种类型，记为 ε_i，$i \in \{1,2,\cdots,n\}$，i 越大，

表示产品技术含量越高。由于有限理性和外在环境变化的不确定性，交易双方不可能就产品属性签订完全合同，假定事前交易双方仅就某一类型产品签订合同。根据 Bolton 和 Dewatripont（2005）的研究，生产差异化产品可使用 n 种中间投入要素中的任意一种，记为 v_l，$l \in \{1,2,\cdots,n\}$，产品属性的每一种类型都对应一种特定投入要素，即中间投入具有一定的资产专用性。与产品属性种类数相对应，经济环境也具有 n 种可能的状态，记为 s_k，$k \in \{1,2,\cdots,n\}$，即在经济环境为 s_k 时，采用中间投入要素 v_k 进行生产才能实现最优化。如果事后经济环境发生变化，可能导致事前所订合同无效，即契约是不完全的，出口企业将面临被"敲竹杠"的风险。假定每种经济环境状态出现的概率为 $1 - \delta$（$0 < \delta < 1$），则企业遵守事前契约的概率为 δ^n，而契约不一致的概率为 $1 - \delta^n$。如果经济环境发生变化，事后与事前契约不一致，企业既定的生产策略并非最优，必须及时调整生产状态才能缓解低效运营状况，如重新选择原材料供应商、调整库存和改进技术等，以尽可能地减少损失。为此，企业需要支付一定的调整成本，记为 $C(I)q$。其中，I 表示市场一体化水平。市场一体化是区域内外各种资源顺畅流通的重要保障。一方面，市场一体化水平越高，区域间信息流动越迅速、充分和透明，企业可以高效、准确地获取市场供求信息；另一方面，市场一体化打破了地区分割和行政垄断，为商品和生产要素跨区域自由流动创造了更为便捷的条件，有利于区域间依托自身比较优势形成更加合理的区域分工协作体系，使企业可以及时获取生产所需的各种中间投入要素，将生产状态调整至最优水平，从而有效降低企业调整成本。因此，调整成本 C 为市场一体化水平 I 的减函数，即 $C'(I) < 0$。

出口企业期望利润最大化的目标函数为

$$E(\pi_e(x)) = \delta^n \left[p_a(x) q_a(x) - \frac{\tau q_a(x)}{x} \right]$$
$$+ (1 - \delta^n) \left[p_b(x) q_b(x) - C(I) \frac{\tau q_b(x)}{x} \right] - f_e \quad (4.5)$$

其中，τ 表示国际贸易的运输成本，a、b 分别表示契约一致和契约不一致两种状态。f_e 表示企业进入国际市场必须支付的沉没成本。

在契约一致时，企业最优出口数量为

$$q_b = \mu L \left[\frac{(\sigma - 1)x}{\sigma^\tau p^{\frac{1-\sigma}{\sigma}}} \right]^\sigma$$

类似地，在契约不一致时，企业最优出口数量为

$$q_b = \mu L \left[\frac{(\sigma - 1)x}{\sigma C(I)^\tau p^{\frac{1-\sigma}{\sigma}}} \right]^\sigma$$

由此，可得企业期望出口数量：

$$E(q_e(x)) = [\delta^n + (1 - \delta^n)C(I)^{-\sigma}]q(x) \tag{4.6}$$

其中，$q(x) = \mu L^* \left[\frac{(\sigma - 1)x}{\sigma^\tau p^{*\frac{1-\sigma}{\sigma}}} \right]^\sigma$，由 $C'(I) < 0$ 可知，$\partial E[q_e(x)]/\partial I > 0$，即国内市场一体化水平越高，企业期望出口数量越多；进一步对式 (4.6) 关于 n 求二阶偏导，可得 $\partial^2 E(q_e(x))/\partial I \partial n > 0$，即对于技术复杂度较高的产品，市场一体化对其出口数量影响更大。

将式 (4.6) 代入式 (4.5)，整理可得企业期望利润函数为

$$E(\pi_e(x)) = \lambda \frac{r_e(x)}{\sigma} - f_e \tag{4.7}$$

$$r_e(x) = \mu L^* \left[\frac{\sigma^\tau}{(\sigma - 1)xp^*} \right]^{1-\sigma} = x^{\sigma-1}\vartheta^* \tag{4.8}$$

其中，$\lambda = \delta^n + (1 - \delta^n)C(I)^{1-\sigma}$，$\vartheta^* = \mu L^* \left[\frac{\sigma^\tau}{(\sigma - 1)p^*} \right]^{1-\sigma}$。

由 Melitz（2003）可知，存在生产率水平的某个临界点 $\bar{x}_e$，使 $E[\pi_e(\bar{x}_e)] = 0$，整理可得：

$$\xi = \bar{x}_e^{\sigma-1} = \frac{\sigma}{\vartheta^*} \frac{f_e}{\lambda} = \frac{\sigma}{\vartheta^*} \frac{f_e}{\delta^n + (1 - \delta^n)C(I)^{1-\sigma}} \tag{4.9}$$

$\bar{x}_e$ 表示企业进入国际市场的生产率临界值，只有生产率水平高于 $\bar{x}_e$ 的企业才会选择出口，对式 (4.9) 关于 I 求一阶偏导，可得 $\partial\xi/\partial I < 0$，即市场一体化水平的提高会降低企业进入国际市场的门槛，促进更多企业选择出口，进一步对式 (4.9) 关于 n 求二阶偏导，可得 $\partial^2\xi/\partial I \partial n > 0$，表明对于产品技术复杂度较高的企业，市场一体化对其出口参与的影响更大。

因此，市场一体化水平的提高不仅可以促进现有企业出口数量增长，增加出口深度，而且可以促进更多企业参与出口，提升出口广度，且市场一体化对高技术复杂度企业的出口深度和广度影响更大。因此，市场一体化水平的提高可以从出口深度和出口广度两方面提升产品出口技术复杂度。由此，本书提出以下假设。

假设1：市场一体化水平的提高能够促进出口技术复杂度的提升。

假设1背后的经济学解释为，国际贸易比国内贸易面临更大的风险及不确定性，这就要求企业尽可能地降低成本，并根据国际市场需求变化，及时对生产要素组合进行调整，才能保持国际竞争优势。市场一体化水平的提高，可以提高资源配置效率，有效降低企业调整成本，提高企业产出效率，不仅可以促进企业出口数量的增加，还可以促进更多企业参与出口，扩大差异化产品的出口供给。而高技术复杂度企业要素异质性、技术专用性及知识专业化程度较高，对外部冲击导致的成本调整更加敏感，因而由市场一体化水平提高所带来的生产效率改善对其出口深度及广度的影响也更大。因此，国内市场一体化可以促进高技术复杂度企业增加出口，从而促进出口技术复杂度的整体提升。

从行业层面来看，由于中国制造业行业种类繁多，各行业要素异质性、技术专用性及知识专业化程度存在差异，因而由市场一体化水平提高所带来的生产效率改善对不同行业出口技术复杂度的影响可能也存在一定的差异。从区域层面来看，中国各地区自然资源禀赋的差异性和社会资源配置的非均衡性，造成东部、中部、西部三大区域在对外开放水平、技术发展水平和经济实力等诸多方面存在显著差异，因而在东部、中部、西部地区，市场一体化对出口技术复杂度的提升作用可能有所不同。从时期层面来看，国际金融危机后中国国际贸易环境和国内经济形势发生了巨大变化。一方面，全球经济复苏缓慢，贸易保护主义抬头，国际环境不稳定性不确定性因素增加；另一方面，国内生产成本不断攀升，资源环境压力增大，传统竞争优势不断弱化。这可能导致金融危机前后市场一体化对出口技术复杂度影响的差异性。由此，本书提出以下假设：

假设 2：市场一体化对出口技术复杂度的影响存在行业、区域和时期异质性。

4.2　传导机制分析

上文基于微观企业层面，通过数理推导证实市场一体化有利于出口技术复杂度提升。市场一体化在直接对出口技术复杂度提升发挥促进作用的同时，还能够通过成本节约效应、需求驱动效应、技术创新效应和制度改进效应等途径和机制对出口技术复杂度产生提升效应（见图 4.1）。本部分将对市场一体化影响出口技术复杂度的传导机制进行系统分析。

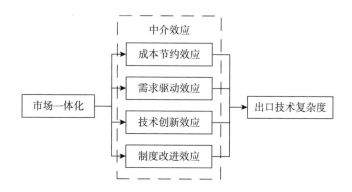

图 4.1　市场一体化对出口技术复杂度影响的传导机制

4.2.1　成本节约效应

成本优势是一国参与国际分工和形成比较优势的重要基础，也是决定企业竞争力的关键因素。企业经营成本不仅包含生产成本，还包含新制度经济学所述的交易成本（North，1990）。市场一体化对出口技术复杂度的影响也可通过降低生产成本和交易成本两个途径来实现。

生产成本指直接用于生产过程的各种资源要素的耗费。规模经济是降低企业生产成本的重要手段，本地市场效应理论（Krugman，1980）认为，拥有相对较大国内市场需求的国家将成为净出口国，强调国内市场大量需求形成的规模效应和成本优势是影响出口竞争力的重要因素。而国内市场一体化是拓宽市场空间，实现规模经济的前提条件。地方保护和地区封锁会限制区域分工与合作，造成地区间产业结构趋同与恶性竞争，抑制规模经济效应的充分发挥。而随着国内市场一体化的推进，区域间市场分割和贸易壁垒逐渐被破除，促进了企业跨地区经营及兼并重组，使企业能在更广的地理范围内获取、配置稀缺资源，提高了企业生产资源利用效率和组织经营管理效率，有利于实现"内部规模经济"；同时，市场一体化的推进打破了地区分割和行政垄断，各地区将在市场力量引导下依托自身比较优势形成更加合理的产业分工体系，密切各产业部门之间的投入产出关系，促进企业之间的分工协作与交流沟通，从而实现"外部规模经济"（Caves，1996）。在规模经济的作用下，企业生产成本将随着产量的增加不断降低，从而在国际竞争中赢得比较优势。

新古典经济学假设交易成本为零，将成本限定于企业生产成本。然而现实中，交易成本广泛存在，并且同样与企业产出具有密切联系。在生产成本不变时，交易成本的下降对增强一国商品比较优势具有重要意义。交易成本又被称为交易费用，最早由诺贝尔经济学奖得主科斯所提出。广义的交易成本指生产成本以外的所有成本，包括企业内部的管理成本和企业外部的市场交易成本。而狭义的交易成本指存在于企业外部，包括出于购买直接生产要素和为销售产品所发生的信息搜寻及发布、谈判及签约、合约执行和违约及寻找市场等所支出的一切成本。市场一体化对交易成本的影响主要是对企业外部交易成本的影响。国内各区域间尽管不存在文化、语言等方面的障碍，但在地方保护壁垒下，企业跨区域交易行为可能面临着更高的信息搜寻、谈判签约及推广外销成本（Boisot 和 Meyer，2008）。例如，地方政府对外地商品或企业设置技术壁垒、歧视性收费项目、收费标准或歧视性价格等，会直接推高企业跨区域经营成本。为越过地方政府所设的障碍，企业还可能通过贿赂等灰色手段与当地政府建立政治联系，以谋取交易机会或竞争优势，导致企业跨地区经营成本上升。市场一体化程度的提高，降低了市场准入门槛，可以大大减少企业竞争性寻租和跨地区经营活动的障碍，降低企业面临的市场交易成本（朱凯等，2019）；同时，区域壁垒的破除可以促进企业跨区域并购与联合，从而以企业内部调配及指令代替市场交换和谈判，有效地降低企业外部交易成本。

生产成本和交易成本的下降，扩大了企业利润空间，显著增强了企业整体实力和抵御市场风险的能力，提高了企业及时有效调整生产要素的能力，从而有利于出口技术复杂度的提升。同时，高技术复杂度行业往往需要在研发、生产、销售和维护等环节投入高额成本，一般具有更高的规模经济要求，只有在更高的市场一体化水平下，才可以大幅降低企业生产及各环节交易成本，保证产品在国际竞争中的优势地位。因而，市场一体化水平的提高可能使高技术复杂度行业在生产及出口方面拥有比较优势，从而促进高技术复杂度产品的出口，推动出口技术复杂度的整体提升。

4.2.2　需求驱动效应

市场需求是企业存在和发展的前提条件，企业提升技术水平的过程就是不断挖掘和发现潜在市场需求，并通过开发新产品、新功能满足市场需求，获得竞争优势和收益的过程（Fagerberg，2006）。Utterback（1999）的研究表明，60%～80% 的重要创新都是受需求拉动而产生的。新贸易理论及国家竞争优势理论都强调国内需求对一国取得贸易竞争地位的积极作用。根据新贸易理论，巨大的国内市场需求不仅为企业带来了比较成本优势，还有利于企业在扩大规模和产品多样化之间取得平衡（Krugman，1980）。国家竞争优势理论认为，国内市场需求状况和特征对企业国际竞争力具有重要影响。市场一体化创造和拓展了新的市场需求空间，有利于引导和激励企业丰富产品种类，提升产品层次，提高价值创造能力，从而促进出口技术复杂度提升。

一方面，市场一体化水平的提升，扩大了国内市场范围，带来了更加多元化和多样性的消费需求。消费需求数量和种类的扩张，催生了区域内相应产业发展，引导企业不断丰富产品种类，进行多样性创新，从而带动生产能力和技术水平不断提升（Zwemuller 和 Brunner，2005）；另一方面，区域间贸易壁垒的打破，使市场竞争更为激烈，消费者将变得更加"专业"和"挑剔"，对产品质量、差异化和技术含量的要求越来越高，这为地区产业发展提供了来自外部的市场拉力，迫使并刺激企业不断改进工艺、创新产品，创造产品差异化优势，从而占领更多市场，获取更大利润（Porter，1990）。在全球经济一体化趋势下，国内市场成为世界市场的重要组成部分，对国内市场需求，特别是高层次、超前性需求的关注与满足，无疑会使企业具有更强的满足国际需求的能力。市场一体化需求驱动效应创造的产品差异化优势与规模经济带来的成本优势相比具有更高的层次，因为它代表了更高的生产率水平，并且难以被对手模仿，更有可能成为企业的长期竞争优势。

在讨论国内需求对企业生产的驱动作用时，多数文献仅关注了最终消费需求，而忽视了在规模上不亚于消费需求的生产性需求。市场一体化对需求数量、种类和层次的提升作用，不仅表现在消费者对最终商品的需求上，还体现在企业对中间投入品的需求上。任何企业最终产品的生产都需要大量中间投入及机器设备，其产品竞争力同时依赖于供应商的生产效率。在市场分割状态下，区域间要素流动被人为阻断，导致企业不能获得足够、最优的生产要素，不仅抑制了企业生产性需求的扩张，而且损害了企业长期竞争力。例如，地方政府规定企业在采购其生产所需配套产品时必须购买本地产品，虽然在短期内使地方企业及产品在竞争中处于有利地位，但却不利于企业的长远发展。与消费者对产品多样性的偏好相类似，在激烈的市场竞争环境中，企业对产品创新的渴望导致其产生多样性的中间产品的强烈偏好。市场一体化消除了区域间生产要素流动的障碍，促进了信息在产业内的传递，企业可以根据自身需求在更大的市场范围有效配置生产资源，生产性需求数量与层次逐渐提升，进而驱动中间投入品生产企业的产品创新与质量改进。同时，多样化、高质量的中间投入品生产环节，不仅有利于促进企业转型升级，提高核心竞争力，还有助于激励和促进其上下游企业技术水平的改进与提高，随着创新在上下游企业的延伸拓展，新的产业链渐渐形成和完善，从而促进整个产业创新与升级。

因此，最终消费及生产性需求的扩张和层次的提升突破了原有的制造业市场需求格局，驱动企业不断丰富产品种类，实现要素升级，提高产品质量和生产效率，实现从"制造"到"创造"的转变，促进出口技术复杂度提升。同时，由于高技术复杂度产品技术更新换代速度较快，产品个性化、差异性强，必须及时有效地收集市场需求信息，满足市场发展需要，才能维持市场竞争优势。因此对高技术复杂度行业而言，市场一体化带来的需求驱动效应尤为显著，这将促进高技术复杂度行业扩大生产和出口，从而促进出口技术复杂度的整体提升。

4.2.3 技术创新效应

技术创新是企业提高生产效率的根本途径，也是出口技术复杂度提升的重要源泉。市场一体化水平的提升不仅增加了创新收益，促进了市场竞争，激发了企业技术创新动力和热情，而且促进了创新要素流动、集聚和溢出，提高了创新要素配置和使用效率，为企业技术创新创造了基础条件和市场环境。

第一，市场一体化提高了企业技术创新意愿。企业是技术创新的主体。熊彼特的创新理论认为，通过掌握先进技术抢占市场先机、获取超额利润，是企业技术创新的最终目的。由于企业自主创新活动往往需要投入高额成本，并面临巨大的风险，只有在市场需求规模足以支撑起创新收益，并在激烈的市场竞争导致企业产品利润空间遭受挤压的情况下，企业才可能产生技术创新的根本动力（Desmet 和 Parente，2010）。区域市场分割会限制商品流通与交易，减少企业产品需求与销售利润，抑制市场竞争机制作用的发挥，从而弱化企业的技术创新动力。随着市场一体化水平的提升，市场规模和有效需求不断扩大，有利于分摊企业研发成本，拓宽创新投入获利空间。同时，市场一体化降低了潜在竞争企业的市场进入壁垒，市场竞争更加激烈，压缩了企业同质产品的利润空间，这都将激发企业的技术创新动力和热情，推进技术创新水平提升（Zweimuller 和 Brunner，2005）。

第二，市场一体化提高了企业技术创新效率。区域市场分割会制约创新要素自由流动，破坏地区之间创新要素的获取与交流，阻碍创新技术融合，抑制创新知识扩散，造成创新资源闲置和浪费，降低创新要素配置效率，抑制技术创新能力的整体提升。而市场一体化打破了人才以及知识、技能、管理等创新要素自由流动壁垒和共享障碍，有利于区域间形成分工协作、优势互补的创新链条和创新网络，缓解创新资源错配，降低创新资源匹配成本，提高创新资源配置效率，充分释放区域创新能量（Alfaro 和 Chari，2014）；此外，市场一体化还可以产生技术溢出效应，降低企业对先进技术的学习和研发成本，缩短新产品开发周期。随着市场一体化水平的提高，区域间商品和要素流动密度不断加大，企业合作与交流机会增加，加大了企业、产业及地区间知识和技术溢出。同时，市场一体化也会使本地市场容纳更多数量的企业，使知识与技术溢出更为普遍（Carlino 等，2007）。区域间的开放使落后企业可以通过学习、模仿，在"干中学"过程中吸收国内其他地区先进企业的技术和经验，实现业技术进步与创新。市场一体化使产业、产品间分工不断深化与细化，嵌入国内价值链分工各个环节的企业可以通过产业关联产生的技术溢出效应带动技术水平提升，进而带动制造业出口技术复杂度的整体提升。

市场一体化通过提高企业创新意愿和创新效率促进了企业技术创新水平的整体提升，进而对出口技术复杂度提升产生积极的影响。同时，由于高技术复杂度行业具有知识技术密集性特征，其技术研发与创新所需的人力资本和研发资本等要素密集度更高，面临的市场风险更高。因此，市场一体化带来的创新成本下降、市场竞争加剧和创新效率改善对高技术复杂度行业技术创新的促进作用更为显著，从而强化高技术复杂度行业生产及出口优势，推动出口技术复杂度的整体提升。

4.2.4 制度改进效应

新制度经济学认为，制度决定了经济绩效，为提高生产率提供了激励机制，良好的制度环境有利于实现公平与效率的统一，鼓励竞争和创新（Acemoglu 等，2005）。出口技术复杂度的提升需要以良好的制度安排为基础。国内市场一体化的深入推进更加明确了政府和市场的边界，减少了非经济因素对商品与生产要素跨地区流动的干扰和约束，为提升制造业市场拓展能力和生产效率创造了良好的制度条件和政策环境。

第一，市场一体化创造了公平、自由和充分竞争的制度环境。公平、自由和充分竞争是构建"有效市场"的基本条件（林毅夫，2014）。"诸侯经济"和"标尺竞争"的体制特征，导致要素资源错配和歧视性的制度供给，造成其他市场主体的不对等地位，进而破坏自由、公平和充分竞争的市场规则，削弱市场引导优质生产要素流入高收益创新部门的作用机制，增加企业创新活动的成本与风险，对出口技术复杂度提升产生抑制作用。例如，在招投标项目中，地方政府有关部门为保证本地企业或产品能够中标，可能对招投标过程进行干涉，这使外地企业面临不公平竞争，不仅将外地高质量产品和优秀企业排除在外，还容易使本地企业习惯于寻求地方保护，忽视自身市场竞争力的提高。而市场一体化突破了地方分割治理的传统模式，消除了资源要素流动的各种行政壁垒，有利于市场机制在更大区域范围内发挥作用，形成统一开放、公开透明、竞争有序、运转高效的制度环境，塑造更加公平公正的竞争秩序，避免企业之间不公平竞争引致的创新收益损失和资源损耗，降低企业技术创新活动的预期风险，稳定创新主体收益预期。在市场这一"无形之手"的引导下，生产要素将向具有"创造性破坏"能力和动力的企业不断积聚，提高企业整合要素的效率和水平（Aghion 等，2005），促进出口技术复杂度提升。

第二，市场一体化促进了国有企业改革和民营经济发展，有利于深化经济体制改革，增强企业活力和核心竞争力。在中国经济转轨过程中，通过国有控股企业影响社会生产投资行为是政府干预经济的典型方式。由于国有企业承担稳定社会、增加就业、创造税收等多重任务，其生产投资行为往往偏离经济效益最大化目标，经营效率相对较低。因此，抵御外来企业、产品竞争与冲击，为国有企业发展"保驾护航"，是政府实施地方保护，高筑贸易壁垒的主要动机（刘瑞明，2012）。市场分割限制了民营经济市场拓展空间，不利于激发市场活力，同时也导致"保护伞"下的国有企业经营机制僵化落后，创新能力不足 。2001年，中国加入 WTO 后，中国民营企业管理与经营实力逐步与国际接轨，成为支撑区域发展的重要力量和最具创新活力的主体。数据显示，中国65%的专利、75%以上的技术创新、80%以上的新产品开发由个体及民营企业完成。[①] 随着市场一体化进程加快，政府对商品和要素跨区域流动设置的壁垒逐渐减少，为处于市场竞争弱势地位的民营企业及中小企业创造了更加公平透明的发展环境，进一步激发了民营企业及中小企业的创新潜能，为民营经济发展提供了制度保障。同时，公平竞争的政策和制度环境也促使国有企业不断深化改革，推进国有资本布局优化调整，增强了国有经济活力与创新能力，进而对出口技术复杂度提升产生积极影响。

一般而言，低技术复杂度行业主要依靠低成本优势参与国际竞争，对制度环境要求较低。而高技术复杂度行业要素异质性、专业化、知识化与技术专用性较强，并且具有高投资、高风险特征，受环境不确定性影响远远大于低技术复杂度行业。在制度环境差、政府干预强的地区，企业创新活动将面临更大的不确定性。因此，高技术复杂度行业的发展更加需要公平完善的制度环境（Levchenko，2007）。市场一体化带来的制度改进效应有助于生产由低技术复杂度行业转向高技术复杂度行业，最终促进出口技术复杂度的整体提升。

上述分析表明，市场一体化有可能通过以上四类传导机制（或中介效应）对出口技术复杂度产生积极影响。由此，本书提出以下假设：

假设3：市场一体化可以通过成本节约效应、需求驱动效应、技术创新效应和制度改进效应等传导机制促进出口技术复杂度提升。

4.3 门槛效应分析

市场一体化虽然可以对提升出口技术复杂度发挥重要的作用，但其作用大小受到市场一体化水平以及经济发展水平、技术创新能力和技术市场发展等条件的约束，这些约束条件构成市场一体化影响出口技术复杂度提升的"门槛"，当市场一体化、经济发展、技术创新和技术市场发

---

① 数据引自中华全国工商业联合会发布的《中国民营企业社会责任报告（2019）》。

展等指标处于不同水平时，市场一体化对出口技术复杂度的影响可能会存在相应差异，即市场一体化与出口技术复杂度之间可能存在更为复杂的非线性关系。下文将对市场一体化影响出口技术复杂度的门槛效应进行理论分析。

4.3.1　市场一体化门槛效应

如前文所述，市场一体化水平的提高，可以有效降低国际贸易环境变化带来的企业调整成本，直接促进出口技术复杂度提升，还能够通过成本节约效应、需求驱动效应、技术创新效应和制度改进效应等多种途径和机制对出口技术复杂度产生提升效应。然而，市场一体化对出口技术复杂度的提升作用，必须在市场一体化达到一定程度后才能发挥。

在市场一体化程度较低时，地区间商品、要素流动及企业跨区域经营仍然存在一定的障碍，这将直接提高企业调整成本，抑制出口技术复杂度提升。市场一体化水平过低还将制约地区间分工协作和市场规模的扩大，提高企业生产经营成本，抑制需求数量及层次的提升，增加企业技术创新成本和难度，破坏公平、自由和充分竞争的制度环境，从而导致资源错配和价格扭曲，影响市场一体化成本节约效应、需求驱动效应、技术创新效应和制度改进效应的充分发挥，最终导致市场一体化对出口技术复杂度的作用失灵，甚至对出口技术复杂度提升产生负面影响。

因此，市场一体化水平的高低制约了它本身对出口技术复杂度的提升效应，只有市场一体化水平跨越一定的门槛值，这种效应才能发挥出来。

4.3.2　经济发展门槛效应

市场一体化积极效应的充分发挥，不仅需要市场一体化水平达到一定的高度，还需要与之相匹配的经济发展基础。中国地域广阔，各地间经济发展水平存在显著差异，不同经济增长阶段并存。

当地区经济发展水平整体较为落后时，市场一体化对出口技术复杂度提升的积极效应可能会受到抑制。这是由于以下原因造成的。第一，经济发展水平落后的地区往往企业竞争力较差。一方面，本地企业对外地市场开拓能力不足，不能享受市场规模扩大带来的规模经济效应；另一方面，区域贸易壁垒的破除使大量商品及企业涌入当地市场，加剧了市场竞争，对本地同类产品形成替代，从而减少企业市场份额及经营利润，降低其创新激励和收益。第二，收入水平的提高是拉动消费需求、促进消费增长的关键。经济欠发达地区，人均收入水平较低，影响了市场一体化消费需求驱动效应的释放。同时，企业盈利能力不足也影响了生产性需求的扩张和价值创造能力的提升。第三，经济欠发达的地区基础设施、金融发展、公共服务等水平较为落后，对于高素质人才吸引力不足，影响了地区创新意愿和创新效率的提升，还可能造成人力和经济资源外流，进一步削弱企业竞争力。因此，对于经济欠发达地区而言，市场一体化积极效应带来的效率提升，可能被竞争失利和要素资源外流导致的效率损失抵消，从而阻碍出口技术复杂度提升。

相反，经济发展水平较高的地区，企业竞争实力较强，市场一体化有利于企业扩大市场规模，降低经营成本；经济发达地区也具有较高的人均收入水平，根据恩格尔定律，随着家庭收入水平的提升，人们用于基本生活消费的支出比例将不断下降，更高层次和多样化的需求会不断产生。因而在经济发达地区，市场一体化的需求驱动效应将更为显著。此外，经济发达地区配套设施完善，对外部资金、优秀人才和企业的吸引力强，为企业创新创造了更好的基础条件，使市场一体化对出口技术复杂度的积极效应得到充分释放。

因此，在不同经济发展水平下，市场一体化对出口技术复杂度的影响效应具有显著差异。当经济发展水平较低时，市场一体化对出口技术复杂度的影响不显著，甚至具有抑制作用，而当经济发展水平跨越一定门槛值时，市场一体化对出口技术复杂度才能发挥积极的促进作用，并且随着经济发展水平的提升，市场一体化对出口技术复杂度提升的积极作用会逐渐增强。

4.3.3　技术创新门槛效应

市场一体化对出口技术复杂度的提升效应还受到地区技术创新能力的影响。技术创新指企业应用创新的知识和新技术、新工艺，采用新的生产方式和经营管理模式，提高产品质量，开发生产新的产品，提供新的服务，占据市场并实现市场价值。[①] 技术创新能力是衡量一个国家和地区竞争力的重要指标，一个地区的技术创新能力决定了创新资源配置效率和产出水平，是充分发挥市场一体化对出口技术复杂度的积极效应的前提和关键。

首先，技术创新能力是影响企业核心竞争力的重要因素，虽然市场一体化降低了企业生产和交易成本，使企业在国际竞争中获得比较优势，但仅依靠低成本优势无法在国际竞争中保持稳固地位，能否依托国内大市场的规模经济优势形成产品长期市场竞争优势，仍依赖于企业技术创新能力的强弱。其次，从市场一体化的需求驱动效应来看，市场一体化可以扩大国内市场范围，带来差异化、高层次的消费需求，而企业能否迎合消费者选择的多样性，创造产品差异化优势，依赖于企业技术创新能力的强弱。企业生产性需求的扩张能否驱动中间品生产企业产品创新与质量提升，同样依赖于企业技术创新能力的强弱。最后，市场一体化增加了企业创新收益，增强了企业创新意愿和动力，但企业创新意愿和动力转化为符合市场需求的创新成果，需要以技术创新能力为依托。同时，市场一体化虽然打破了创新要素自由流动壁垒和共享障碍，但若企业没有足够的技术创新能力，就不能充分利用市场一体化带来的技术溢出进行"二次创新"，进而转化为自身技术。因此，地区技术创新能力较低，市场一体化积极效应的发挥将会受到制约，从而弱化市场一体化对出口技术复杂度的推进作用。

随着地区技术创新能力的不断提高，市场一体化对出口技术复杂度提升的积极效应将逐步释放。具有较高技术创新能力的地区可以充分利

[①]　技术创新的概念引自《中共中央、国务院关于加强技术创新，发展高科技，实现产业化的决定》。

用市场一体化的积极效应，建立更为高效的分工协作体系，提高要素边际生产率水平或产出弹性，使企业生产效率获得更大的提升空间；具有较高技术创新能力的地区，还可以创造出更多高质量、差异化产品，形成国际市场长期竞争优势；技术创新能力较高的地区也具有更高的研发创新效率，可以更为有效地吸收和利用区域间技术溢出，提高创新产出，从而加速出口技术复杂度提升。

由此可见，在不同技术创新能力下，市场一体化对出口技术复杂度的影响效应具有一定的差异。只有在技术创新能力达到一定门槛值时，市场一体化对出口技术复杂度的正向作用才会显性化。

4.3.4　技术市场发展门槛效应

技术市场是先进技术搜寻、发布、交流和交易的平台，对促进科技成果转让、转化和技术转移，增强企业创新能力具有重要作用。市场一体化是实现资源要素无障碍自由流动和区域创新融合发展的基本条件，而技术市场发展为创新资源优化配置和高效利用提供了平台支持与机制保障。因此，技术市场发展对更好地发挥市场一体化的积极效应，促进出口技术复杂度提升具有重要意义，只有在更高的技术市场发展水平下，市场一体化对出口技术复杂度提升的促进作用才能充分释放。

改革开放以来，中国技术市场从无到有，发展环境不断完善，技术交易量稳步提升，2019 年全国签订技术合同 484077 项，技术市场成交额达 22398.4 亿元。[①] 然而，技术市场秩序不规范、发展不平衡问题仍然存在。技术市场发展滞后会降低知识与技术流通效率，提高技术持有者交易成本，增加技术寻求与技术创新风险，无法激发企业的创新热情，保持企业技术投资连续性。在此情况下，即使市场一体化降低了企业经营成本，扩大了企业利润空间，企业也将把更多资金用于其他经营活动，而非技术寻求与技术创新活动，从而影响企业创新成果数量与质量提升，无法长期维持国际市场竞争优势。虽然市场一体化破除了国内创新资源

---

① 数据引自中华人民共和国科学技术部网站。

流动壁垒，但技术市场发展落后会限制先进技术通过市场机制向当地转移推广的进程，企业不能及时合理地配置科技创新资源，降低了企业创新效率，导致技术创新成果产出不足，影响企业对高层次、差异化市场需求的满足和技术创新能力的整体提升，制约出口技术复杂度的提升。

而在高技术市场发展水平地区，科技成果交易方式更加灵活多样，技术、产品和人才等信息更加全面，交易流程便捷高效，交易成本显著下降，提高了科技创新活动收益率，激励企业不断增加研发投入（Arora 等，2001），增强了企业将技术成果转化为新产品和新工艺的动力，从而使市场一体化成本节约效应和消费需求效应充分发挥，促进出口技术复杂度提升。发达的技术市场还将企业技术人员、科研人员以及企业家等科技创新主体有效联结，加快了科技创新成果和先进技术的运用、推广和扩散，减少了企业"二次创新"的时间和成本（Audretsch 和 Feldman，2003；Tietze 和 Herstatt，2010），放大了市场一体化的技术创新效应。此外，完善的技术市场有利于缺乏创新经验的中小企业吸引科技创新人才、购买前期技术成果，降低科技创新难度和技术门槛，提升中小企业技术创新水平，进一步激发市场活力，扩大市场一体化的制度改进效应，对出口技术复杂度的整体提升发挥重要的作用。

因此，在不同技术市场发展水平下，市场一体化对出口技术复杂度的影响效应存在一定的差别，只有在技术市场发展水平达到一定门槛值时，市场一体化才能对出口技术复杂度提升发挥更大的效用。

上述分析表明，由于受到市场一体化水平以及经济发展水平、技术创新能力和技术市场发展等条件的约束，市场一体化对出口技术复杂度的影响具有门槛效应。只有当市场一体化、经济发展、技术创新和技术市场发展达到一定水平时，市场一体化对出口技术复杂度提升的积极效应才能充分释放。由此，本书提出以下假设：

假设4：市场一体化对出口技术复杂度的影响具有门槛效应，只有当市场一体化水平、经济发展水平、技术创新能力和技术市场发展水平跨越一定的门槛值时，市场一体化对出口技术复杂度提升的积极效应才能充分释放。

4.4　空间溢出效应分析

近年来，随着中国基础设施建设的不断完善和市场一体化水平的提升，各省份之间的"距离"进一步缩短，地区间经济联系日益密切，一个地区很难脱离其他地区而独立发展。新经济地理学把传统经济学中长期忽略的空间因素引入一般均衡理论的分析框架，地区间经济活动的相互影响逐渐进入经济问题分析的视野，这为本书的空间溢出效应分析提供了重要的理论依据和新的研究视角。由于中国各地区自然资源禀赋的差异性和社会资源配置的非均衡性，各地区出口技术复杂度存在极大的差异，这为区域间制造业发展的互动提供了前提条件，而各地区市场一体化水平的提升降低了区域间的贸易壁垒，使区域间制造业发展的互动成为可能。因此，市场一体化对出口技术复杂度的影响可能具有空间溢出效应，往往是促进作用与抑制作用同时存在，是两种作用叠加产生的结果。

一方面，市场一体化打破了地区分割和行政垄断，为商品、生产要素的跨区域流动和企业跨区域经营创造了基本条件。高出口技术复杂度地区的科技创新成果可以通过产品、信息、技术和人才等交流与合作扩散到邻近地区，带动其技术进步和生产效率的提升。高出口技术复杂度地区先进的基础设施、完善的金融和信息服务等也使周边地区共同受益，使周边地区降低社会生产成本，获得外在经济效益。同时，该地区先进企业对邻近地区的产业转移和投资，可以弥补邻近地区资金、要素等缺口，带来先进技术和管理经验，进而提升邻近地区企业经营管理水平和综合竞争力。此外，高质量商品和先进企业的进入会为当地企业带来竞争压力，迫使它们加大研发投入，加强管理、技术等方面的创新和变革，进而提高地区整体技术水平和竞争力，此时便形成出口技术复杂度的"扩散效应"。"扩散效应"是由高出口技术复杂度地区指向低出口技术复杂度地区的发散力量，由中心向外围方向扩散。因此，一个地区出口技术复杂度的提升，可以通过"扩散效应"促进其邻近地区出口技术复杂度提升。随着市场一体化水平的提升，低出口技术复杂度地区不断在

"扩散效应"的作用下，通过承接高出口技术复杂度地区技术扩散和产业转移获得后发优势，在快速提升出口技术复杂度的同时，也逐步缩小了地区间出口技术复杂度差距，最终实现整个国家的出口技术复杂度升级。

另一方面，随着市场一体化水平的提升，市场将在区域间资源配置中发挥决定性作用，经济资源的稀缺性和逐利性特征会使其自动由低边际收益率区域向高边际收益率区域转移集中。高出口技术复杂度地区往往具有更大的利润空间和更广阔的发展前景，在"择优"机制的作用下，邻近地区的产品、技术、人才和资金等资源要素以及先进企业将不断涌入当地市场。例如，研发人才会流入经济发达、待遇丰厚和环境优越的区域，而研发资本也偏向于流入创新风险低、收益高的区域。优质创新要素的集聚进一步提高了当地出口技术复杂度，进而吸引更多邻近地区的要素资源流入该地区，最终造成邻近地区创新资源流失，出口技术复杂度提升受阻，此时便形成出口技术复杂度的"极化效应"，其作用力是由低出口技术复杂度地区指向高出口技术复杂度地区，由外围向中心方向集聚。因此，一个地区出口技术复杂度的提升可以通过"极化效应"抑制邻近地区出口技术复杂度的提升。随着市场一体化水平的提升，科技创新资源和创新主体不断在"极化效应"的作用下，由低出口技术复杂度地区流入高出口技术复杂度地区，从而造成先进地区出口技术复杂度的大幅提升，以及落后地区因资源流失而导致出口技术复杂度增长停滞，地区间的出口技术复杂度差距将进一步扩大。

随着市场一体化水平的提升，出口技术复杂度的"扩散效应"和"极化效应"同时产生。"扩散效应"和"极化效应"的作用力方向相反，"扩散效应"促进了地区间技术交流与合作，为邻近地区提供了生产资源和创新要素，从而促进了邻近地区出口技术复杂度提升；而"极化效应"导致高出口技术复杂度地区对邻近地区生产资源和创新要素的掠夺，从而抑制邻近地区出口技术复杂度提升。空间溢出效应是"扩散效应"和"极化效应"的叠加。市场一体化对出口技术复杂度影响的空间溢出效应为正值还是负值，取决于何种效应居于主导地位，当"扩散效应"大于"极化效应"，空间溢出效应为正；当"扩散效应"小于"极化效应",空间溢出效应为负。

一般而言,在地区间打破贸易壁垒、实现市场一体化的初始阶段,生产资源和创新要素会在利益最大化的驱使下,不断地从低出口技术复杂度地区流入高出口技术复杂度地区,此时"极化效应"大于"扩散效应",市场一体化对出口技术复杂度影响的空间溢出效应为负;随着时间的推移,高出口技术复杂度地区生产资源和创新要素逐渐累积到最高限度,"拥挤效应"开始显现,企业将面临市场竞争加剧、要素资源价格上升等众多负面约束,进而促使生产资源和创新要素向周边地区转移扩散,随着"扩散效应"逐渐增强,"极化效应"逐渐减弱,两种效应相互抵消,最终"扩散效应"超过"极化效应",占据主导地位,市场一体化对出口技术复杂度影响的空间溢出效应转为正值并不断增大。由此,本书提出以下假设:

假设5:市场一体化对出口技术复杂度的影响具有空间溢出效应。

4.5　本章小结

本章基于 Melitz(2003)企业异质性贸易理论,构建数理模型,阐释了国内市场一体化影响出口技术复杂度的微观机制,并对国内市场一体化影响出口技术复杂度的传导机制、门槛效应及空间溢出效应进行了理论探讨,主要结论如下。

第一,市场一体化水平的提高,可以提高资源配置效率,有效降低企业调整成本,提高企业产出效率,对提高企业出口深度和广度具有积极作用。由于高技术复杂度企业要素异质性、技术专用性及知识专业化程度较高,对外部冲击导致的成本调整更加敏感,由市场一体化水平提高所带来的生产效率改善对其出口深度及广度影响也更大。因此,市场一体化可以促进高技术复杂度企业增加出口,从而促进出口技术复杂度的整体提升。此外,由于中国制造业各行业要素密集度存在差异,地区经济发展不平衡,以及国际金融危机后国际贸易环境和国内经济形势发生变化,市场一体化对出口技术复杂度的影响可能存在行业、区域和时期异质性。

　　第二，市场一体化在直接对出口技术复杂度提升发挥促进作用的同时，还能够通过成本节约效应、需求驱动效应、技术创新效应和制度改进效应等传导机制（或中介效应）促进出口技术复杂度提升。

　　第三，市场一体化虽然可以对提升出口技术复杂度发挥重要作用，但其作用大小受到市场一体化水平的高低以及经济发展水平、技术创新能力和技术市场发展等条件的约束，只有当市场一体化水平、经济发展水平、技术创新能力和技术市场发展水平跨越一定门槛值时，市场一体化对出口技术复杂度提升的积极效应才能充分释放。

　　第四，市场一体化对出口技术复杂度的影响具有空间溢出效应。随着市场一体化水平的提升，出口技术复杂度的"扩散效应"和"极化效应"同时产生。"扩散效应"促进了地区间技术交流与合作，为邻近地区提供了生产资源和创新要素，从而促进邻近地区出口技术复杂度提升；而"极化效应"导致高出口技术复杂度地区对邻近地区生产资源和创新要素的掠夺，从而抑制邻近地区出口技术复杂度提升。空间溢出效应的正负取决于何种效应居于主导地位。

第5章 国内市场一体化对出口技术复杂度影响的实证检验

本章在第3章指标测算及第4章理论分析的基础上，建立相应的计量模型对理论预期进行实证检验。具体结构安排如下：5.1节建立基准回归模型，实证检验国内市场一体化对出口技术复杂度的总体影响以及行业、区域和时期异质性影响，从而从不角度和层面探寻提升出口技术复杂度的差异化政策；5.2节建立中介效应模型，实证检验国内市场一体化对出口技术复杂度影响的传导机制，探索通过市场一体化提升出口技术复杂度的有效途径；5.3节建立面板门槛模型，实证检验国内市场一体化对出口技术复杂度影响的非线性特征，剖析市场一体化积极效应充分释放与出口技术复杂度提升的约束机制；5.4节建立空间计量模型，实证检验国内市场一体化对出口技术复杂度影响的空间溢出效应，从空间维度寻求增强市场一体化对出口技术复杂度的提升效应的可行路径。

5.1 基准回归分析

5.1.1 模型设定

为验证假设1及假设2，实证考察国内市场一体化对出口技术复杂度的影响，借鉴相关研究成果，将基准回归模型设定如下：

$$Soph_{it} = \alpha_0 + \alpha_1 Integ_{it} + \beta C_{it} + \varepsilon_{it} \tag{5.1}$$

式（5.1）中，i 表示省份，t 表示年份；$Soph_{it}$ 表示出口技术复杂度，$Integ_{it}$ 为市场一体化水平；C_{it} 表示其他影响出口技术复杂度的控制变量；ε_{it} 为随机扰动项。

5.1.2　变量选取与数据说明

5.1.2.1　变量选取

第 3 章已对模型被解释变量出口技术复杂度及核心解释变量市场一体化的测算方法进行了阐释，这里不再赘述。为验证模型稳健性，尽可能地克服遗漏变量问题，加入以下控制变量：

（1）物质资本（Cap）。物质资本是生产函数的核心变量，也是企业生产率提升和产业升级发展的必备要素和物质基础，为其他要素作用的充分发挥创造了良好的条件。物质资本相对丰富的地区在资本密集型产品出口上具有比较优势，可能会生产和出口更多相对资本密集和技术复杂的产品，从而具有较高的出口技术复杂度（毛其淋，2012）。本书借鉴周兵等（2012）的方法，以各省份固定资本形成总额占该省生产总值的比重作为物质资本的衡量指标。

（2）人力资本（Edu）。人力资本是技术创新的主体和源泉，也是技术扩散的重要载体。人力资本水平的提高可以提升区域创新能力，直接促进知识资本积累；同时可以加快技术消化吸收和推广应用速度，提高企业技术水平和生产效率，进而推动出口技术复杂度提升（Keller，2004）。本书以各省份居民平均受教育年限来衡量人力资本，即对文盲、小学、初中、高中和大专及以上教育程度分别按零年、6 年、9 年、12 年和 16 年进行折算，再与相应教育水平人口占 6 岁及以上人口的比重相乘并求和得出。

（3）研发投入（Rd）。研发投入是推进企业技术创新的重要基础，也是企业引进先进设备和生产技术，吸引高素质、高技能人才的重要保障。一般认为，研发投入与出口技术复杂度存在正相关关系。研发投入越大，越有利于企业发挥自主创新能力，提高产品技术含量和生产效率，推进出口技术复杂度提升（Vogiatzoglou，2009）。本书以各省份科研经费内部支出占该省生产总值的比重来衡量研发投入情况。

（4）进口贸易（Imp）。进口贸易是发展中国家获取国际技术的重要渠道。一方面，企业对先进设备和技术的引进，节约了研发费用和时间，直接促进了生产效率的提高；企业还可以对进口品中隐含的知识技术进行吸收和模仿，并结合国内技术条件进行"二次创新"，提高出口产品技术含量；另一方面，进口的增加使企业面临更加激烈的市场竞争，促使企业不断提升技术水平和产品质量以获得市场份额，从而有助于出口技术复杂度提升（Lu 和 Ng，2012；Chen 等，2017）。本书采用各省份进口贸易总额与该省生产总值之比来反映进口贸易情况。

（5）外商直接投资（Fdi）。大量文献研究表明，外商直接投资是物化型技术溢出的直接渠道。外商直接投资企业往往具有先进的技术水平、管理方式和较强的创新能力，对产品质量具有较高要求，这将带动其上下游企业生产效率提升，实现出口产品技术含量升级；当地企业可以通过对外商直接投资企业产品、技术、管理的学习和模仿，提高创新能力，改善生产效率，提升产品层次和技术含量；外商直接投资企业还加强了企业间竞争，激发了国内企业的创新潜力，有利于促进出口技术复杂度提升（Cheung 和 Lin，2004）。本书以各省份实际利用外商直接投资额来衡量外商直接投资情况。

（6）金融发展（Fin）。发达完善的金融体系可以便利资产交易，拓宽融资渠道，降低融资成本和流动性风险，解决信息不对称造成的逆向选择问题，进而提高资源配置效率，促进出口技术复杂度提升；同时，金融发展还可以通过扩大外商直接投资技术溢出、促进人力资本积累及提高研发效率等渠道对技术进步产生积极的影响，间接促进出口技术复杂度提升（Beck，2003；齐俊妍等，2011）。本书以各省份金融机构人民币贷款余额占该省生产总值的比重来代表金融发展水平。

（7）基础设施（$Infra$）。基础设施是商品和生产要素顺畅流动的基础工具和重要载体，在商品贸易过程中发挥着"时空压缩效应"。公路、铁路等交通基础设施的完善可以提高运输速度、缩短运输时间，而且能够降低运输过程中的不确定，有效降低企业库存成本，促进出口技术复杂度提升（Shirley 和 Wintson，2004；王永进等，2010）。本书采用各省份铁路营业里程和公路里程之和来衡量基础设施状况。

（8）物流效率（$Logis$）。作为生产性服务业的重要组成部分，物流业发展对制造业出口技术水平的提升也发挥着重要作用。物流是商品和生产要素跨区域流动的重要依托，物流效率是提升企业柔性及敏捷性进而获取竞争优势的关键性战略要素（Christopher，1993）。货物运输、装卸、仓储等流程效率的提升，可以降低货物运输周转成本，提高企业获利能力，对出口技术复杂度提升发挥积极的作用（董宇和杨晶晶，2016）。本书以各省份货物周转量来反映物流效率。

5.1.2.2　数据说明

众多研究表明，中国国内市场一体化水平及出口技术复杂度均在进入 21 世纪后快速提升（Rodrik，2006；范爱军等，2007；Schott，2008），同时考虑到中国在 2001 年底加入 WTO 后，贸易投资环境发生了显著改变，因此本书以 2002 年为研究起点。而实证模型中多数变量数据只更新到 2017 年，且西藏自治区部分年份数据不全，故本书选取中国 2002—2017 年 30 个省份（西藏除外）数据作为样本。第 3 章已对出口技术复杂度及市场一体化的数据来源进行了说明，这里不再赘述。物质资本、人力资本、基础设施、物流效率等指标测算数据来源于《中国统计年鉴》；研发投入测算所用数据来源于《中国科技统计年鉴》；进口贸易、外商直接投资及金融发展相关测算数据来源于各省份统计年鉴。以美元为单位的外商直接投资数据根据美元对人民币中间汇率折算为人民币来表示，并以居民消费价格指数（以 2000 年为基期）进行平减，以剔除物价水平波动的影响。除物质资本、研发投入、进口贸易、金融发展等比率性指标外，出口技术复杂度、市场一体化水平、人力资本、外商直接投资、基础设施和物流效率等指标均取对数进入模型，以消除量纲及异方差问题。样本处理之后，各变量描述性统计如表 5.1 所示。

表 5.1　　　　　　　　　基准回归模型各变量描述性统计

变量	样本数	均值	标准差	最小值	最大值
出口技术复杂度（Soph）	480	10.119	0.512	9.028	10.897
市场一体化水平（Integ）	480	4.183	0.273	3.252	4.836
物质资本（Cap）	480	0.546	0.169	0.298	1.493
人力资本（Edu）	480	2.143	0.117	1.798	2.526

续表

变量	样本数	均值	标准差	最小值	最大值
研发投入（Rd）	480	0.013	0.010	0.002	0.060
进口贸易（Imp）	480	0.154	0.232	0.004	1.338
外商直接投资（Fdi）	480	4.826	1.648	−0.566	7.430
金融发展（Fin）	480	1.121	0.360	0.533	2.371
基础设施（$Infra$）	480	2.198	0.881	−0.416	3.511
物流效率（$Logis$）	480	7.740	1.061	4.684	10.237

由于实证模型包含多个解释变量，各解释变量之间可能存在一定的相关性，从而出现多重共线性问题，导致不能精确估计模型参数。为此，本书在回归之前首先对各解释变量之间的相关性进行检验。表5.2结果显示，各解释变量间相关系数均低于多重共线性存在的门槛值0.7（Lind等，2002）。

表5.2　　　　　　　　　　各解释变量间相关系数

变量	$Integ$	Cap	Edu	Rd	Imp	Fdi	Fin	$Infra$	$Logis$
$Integ$	1.000								
Cap	0.221	1.000							
Edu	0.244	−0.023	1.000						
Rd	0.070	−0.260	0.690	1.000					
Imp	−0.159	−0.345	0.578	0.663	1.000				
Fdi	0.193	−0.406	0.517	0.474	0.415	1.000			
Fin	0.009	0.171	0.394	0.564	0.479	−0.104	1.000		
$Infra$	0.450	0.089	−0.236	−0.299	−0.530	0.128	−0.466	1.000	
$Logis$	0.302	−0.183	0.495	0.277	0.186	0.692	−0.084	0.254	1.000

同时，本书进一步考察了所有解释变量的方差膨胀因子和容忍度，测算结果如表5.3所示。结果显示，各变量方差膨胀因子取值均低于10，平均值为2.77，容忍度最低也达到0.232，说明模型不存在严重的多重共线性问题。①

———————

① 通常以10作为判断边界。当VIF<10时，不存在多重共线性；当10≤VIF<100时，存在较强的多重共线性；当VIF≥100时，存在严重的多重共线性。

表 5.3　　　　　　　　**各解释变量方差膨胀因子和容忍度**

变量	方差膨胀因子（VIF）	容忍度（1/VIF）
Integ	1.63	0.614
Cap	1.69	0.592
Edu	3.13	0.319
Rd	4.31	0.232
Imp	3.69	0.271
Fdi	3.18	0.314
Fin	2.49	0.402
Infra	2.41	0.414
Logis	2.40	0.416
VIF 平均值	2.77	

5.1.3　实证结果与分析

5.1.3.1　总体影响

表 5.4 展示了全国总体样本的基准回归结果。列（1）仅考察核心解释变量市场一体化对出口技术复杂度的影响。结果显示，市场一体化对出口技术复杂度的影响为正，并在 1% 的显著性水平上显著。在列（1）基础上逐步加入其他控制变量，得到回归结果列（2）至列（9）。可以看出，市场一体化估计系数符号及显著性水平未发生实质性变化，说明回归结果具有较好的稳健性。上述结果表明，国内市场一体化水平的提高显著促进了出口技术复杂度的提升，假设 1 得到验证。

在控制变量中，物质资本、人力资本、外商直接投资、金融发展及基础设施的估计系数均为正，并在 1% 水平上通过显著性检验，物流效率的估计系数在 5% 水平上显著为正，这与已有的研究结论一致。物质资本投入是实现经济增长和产业转型升级的物质基础和重要条件，人力资本、研发投入等都需要依靠一定的物质资本来实现积累，因而物质资本投入的增加能够显著推动技术进步和生产效率提升，促进出口技术复杂度提升。高素质人才是企业技术创新的主体和源泉，也是技术扩散的重要载体，丰富的人力资本可以增强企业掌握新技术、适应新环境的能力，并提高资本利用效率，从而推动出口技术复杂度提升。企业可利用外商直接投资的技术溢出效应，吸收国外先进技术和管理经验，降低技术研发和学习成本，进而提高出口技术复杂度。金融发展可以便利资产交易，拓宽融资渠道，降低企业融资成本，增强企业资金流动性，提高资源配置效率，这将有利于技术创新活动开展，促进出口技术复杂度提升。而基础设施的改善和物流效率的提升不仅可以降低交易费用和运输成本，还能够降低企业库存成本，使企业及时有效地调整生产，提高企业获利能力，从而对出口技术复杂度提升起到积极的作用。值得关注的是，研发投入对出口技术复杂度的影响为正，但未通过显著性检验，这与预期不符，但同时也说明中国仍然缺乏高质量的研发成果，尤其是能够发挥技术引领作用、具有全球影响力的创新偏少，对出口技术复杂度提升的驱动作用不足。也有相关研究得出了较为相似的结论，认为研发投入过度、研发激励和投入强度不足以及自主创新能力不足等因素的存在，会弱化研发投入对出口技术复杂度的提升作用，导致其影响不显著甚至产生负面作用（刘洪铎等，2013；郑展鹏和王洋东，2017；毛其淋和方森辉，2018）。本书尝试将研发投入滞后一期纳入模型，发现其在5%水平上显著为正，表明研发投入对出口技术复杂度的影响具有滞后效应，创新带来的绩效并不能完全在当期得到体现，这一方面与创新活动的长期性和持续性有关，另一方面与研发激励机制不健全、研发效率偏低有关。进口贸易对出口技术复杂度的影响为负，但不显著。可能的原因是，进口贸易产生技术溢出效应的同时也会存在竞争效应，对国内同类产品形成替代，从而减少企业市场份额及经营利润，降低其创新激励和收益，影响出口技术复杂度提升（Aghion等，2005）。此外，企业创新能力不足也会影响其对进口贸易技术溢出的消化、吸收与利用，对出口技术复杂度提升形成一定阻碍（傅缨捷等，2014；齐俊妍和吕建辉，2016）。

表 5.4　　　　　　　　　全国总体样本回归结果

变量	(1)	(2)	(3)	(4)	(5)	(6)	(7)	(8)	(9)
Integ	1.219 ***	0.838 ***	0.175 ***	0.126 ***	0.121 ***	0.095 **	0.094 **	0.078 ***	0.107 ***
	(20.42)	(10.13)	(4.28)	(3.03)	(2.87)	(2.22)	(2.22)	(2.80)	(3.64)

续表

变量	(1)	(2)	(3)	(4)	(5)	(6)	(7)	(8)	(9)
Cap		2.118 ***	0.969 ***	1.026 ***	1.015 ***	0.985 ***	0.936 ***	0.566 ***	0.476 ***
		(7.49)	(5.11)	(5.89)	(5.98)	(6.87)	(6.66)	(4.56)	(4.20)
Edu			5.548 ***	4.787 ***	4.815 ***	4.339 ***	4.033 ***	2.649 ***	2.104 ***
			(18.44)	(9.66)	(9.55)	(8.67)	(8.23)	(8.15)	(5.78)
Rd				24.474 **	26.535 ***	25.371 ***	23.311 **	12.782 **	9.129
				(2.58)	(2.63)	(2.81)	(2.54)	(2.32)	(1.70)
Imp					0.339 **	0.258 *	0.314 **	0.107	−0.032
					(2.17)	(2.03)	(2.40)	(1.08)	(−0.28)
Fdi						0.118 ***	0.138 ***	0.079 ***	0.070 ***
						(3.83)	(4.72)	(3.98)	(3.54)
Fin							0.196 **	0.327 ***	0.328 ***
							(2.68)	(4.29)	(4.84)
Infra								0.512 ***	0.407 ***
								(8.30)	(6.44)
Logis									0.175 **
									(2.68)
常数项	5.019 ***	5.458 ***	−3.037 ***	−1.558	−1.671 *	−1.067	−0.677	1.746 ***	1.829 ***
	(20.10)	(16.54)	(−5.35)	(−1.63)	(−1.74)	(−1.13)	(−0.74)	(2.89)	(3.31)
F 检验	2.48	9.07	25.47	30.11	28.04	29.49	25.55	33.26	36.80
	[0.000]	[0.000]	[0.000]	[0.000]	[0.000]	[0.000]	[0.000]	[0.000]	[0.000]
Hausman 检验	125.64	197.72	269.06	237.87	272.56	652.66	269.03	256.36	921.74
	[0.000]	[0.000]	[0.000]	[0.000]	[0.000]	[0.000]	[0.000]	[0.000]	[0.000]
模型选择	FE	FE	FE	FE	FE	FE	FE	FE	FE
R^2	0.384	0.586	0.852	0.868	0.869	0.884	0.888	0.932	0.942

　　注：圆括号内数值为纠正异方差后的 T 统计量，方括号内数值为相应检验的 P 值；*** 、**和 * 分别表示在 1%、5% 和 10% 的水平上显著，下同。

　　考虑到市场一体化对出口技术复杂度的影响可能存在时滞效应，将市场一体化滞后一期至二期进行考察，得到表 5.5 列（1）和列（2）。可以看出，市场一体化的滞后变量仍然对出口技术复杂度具有显著的正向影响，且市场一体化滞后二期的估计系数大于滞后一期。这表明，市场一体化水平越高、持续时间越长，对出口技术复杂度提升的促进作用越大。

5.1.3.2 异质性影响

1. 行业异质性

由于中国制造业各行业要素密集度具有差异性，基于总体样本的检验可能掩盖行业特性，本书将样本划分为劳动密集型、资本密集型和技术密集型三大类行业①，进一步考察市场一体化对出口技术复杂度影响的行业异质性。由表5.5列（3）~（5）回归结果可见，市场一体化对三大类行业出口技术复杂度的影响均显著为正，但回归系数存在一定的差异，技术密集型行业市场一体化回归系数最大（0.121），资本密集型行业次之（0.119），劳动密集型行业最小（0.116）。这表明，市场一体化水平的提高对技术密集型行业出口技术复杂度的提升作用更为突出。主要原因在于，技术密集型行业具有较强的规模经济特性和技术要求，地区贸易壁垒的破除和市场一体化的推进，有利于企业扩大市场规模，降低生产成本，充分利用技术外溢效应和产业关联效应提升自主创新能力和技术水平，从而促进出口技术复杂度提升。资本密集型行业也有规模经济特征，但部分行业生产条件主要受自然资源约束，如石油加工、炼焦，黑色金属冶炼等行业，其产业布局在很大程度上取决于要素分布，市场一体化产生的资源优化配置效应对其的影响与技术密集型行业相比略小。而劳动密集型行业技术含量较低，产业链较短，市场一体化对其出口技术复杂度的影响也较弱。

各控制变量对三大类行业出口技术复杂度的影响也具有一定的差异。研发投入对劳动、资本密集型行业具有显著的正向影响，而对技术密集型行业影响不显著。这可能是因为，近年来，随着劳动力和原材料成本持续上升，劳动及资本密集型行业发展态势严峻，这使企业更加注重产品创新和研发投入，不断推进企业转型升级，由于劳动、资本密集型行业知识存量低于技术密集型行业，技术水平存在相对较大的提升空间。

---

① 劳动密集型、资本密集型和技术密集型三大类行业划分标准见第3章。

而技术密集型行业技术开发与创新难度较大，虽然研发投入密度较高，但研发效率仍有待进一步提升，致使研发投入对出口技术复杂度的拉动作用有限。物质资本、人力资本、外商直接投资、金融发展和物流发展在三大行业的估计系数均显著为正，但对技术密集型行业的影响系数大于资本、劳动密集型行业，这是由于高新技术产业对资本投入、人员素质要求相对较高，对外商直接投资技术外溢效应更易吸收和利用，技术密集型行业的创新具有高风险、高投入的特征，更需要充足的资金支持，高效的物流网络可以为高新技术产业发展提供优质的服务，使其将主要精力集中于技术攻关，提升出口产品技术含量及竞争力，因此这些因素对技术密集型行业出口技术复杂度提升的贡献更为明显。

2. 区域异质性

中国区域发展不平衡的一个重要表现是东部发达地区和中西部地区之间的经济发展差距。那么，市场一体化对出口技术复杂度的影响在不同地区是否存在差异？存在差异的原因又是什么？下文将样本划分为东部、中部和西部地区三类子样本进行估计，从而在区域层面探寻提升出口技术复杂度的差异化路径及战略。表 5.6 列（1）～（3）结果显示，中部、西部地区市场一体化估计系数为正，并分别在 5% 和 1% 水平上显著，中部地区市场一体化的估计系数（0.155）大于西部地区市场一体化的估计系数（0.123），而东部地区市场一体化的影响效应不显著。这表明中部地区市场一体化对出口技术复杂度提升的促进作用最大，西部地区市场一体化对出口技术复杂度的提升作用次之，东部地区市场一体化的积极效应未能充分发挥。如前文所述，中部地区市场一体化水平较高，将有利于市场一体化对出口技术复杂度的直接促进效应以及成本节约效应、需求驱动效应、技术创新效应和制度改进效应等中介效应的充分释放，从而对出口技术复杂度产生更为积极显著的影响。值得关注的是，东部地区和西部地区市场一体化水平均相对较低，但西部地区市场一体化仍然对出口技术复杂度提升产生了显著的正向影响，而东部地区市场一体化对出口技术复杂度的影响不显著。这可能是因为西部地区出口技术复杂度普遍偏低，在相同的市场一体化水平下，出口技术复杂度存在相对较大的提升空间。相关研究也曾得出较为相似的结论,例如,柯善咨和郭素梅(2010)的研究表明,经济落后地区市场一体化对经济增长的促进作用较大,而经济发达地区市场一体化对经济增长的影响效应不显著。盛斌和毛其淋(2011)的研究表明,内陆地区市场一体化对经济增长的促进作用非常显著,但沿海地区市场一体化系数不显著。吕越等(2018)的研究得出市场分割对东部地区产生了显著的负向影响,而对中西部地区负面效应不显著的结论。

表 5.5　　　　　　　　滞后效应及行业异质性影响回归结果

变量	市场一体化滞后一期 (1)	市场一体化滞后二期 (2)	劳动密集型行业 (3)	资本密集型行业 (4)	技术密集型行业 (5)
Intge	0.098 *** (3.18)	0.155 *** (6.06)	0.116 ** (2.89)	0.119 ** (2.81)	0.121 ** (2.93)
Cap	0.452 *** (4.48)	0.370 *** (4.31)	0.332 * (1.97)	0.457 ** (2.22)	0.473 ** (2.41)
Edu	1.948 *** (5.90)	1.993 *** (6.85)	1.967 *** (5.14)	2.060 *** (5.29)	2.064 *** (5.39)
Rd	8.620 (1.54)	6.791 (1.21)	20.584 ** (2.39)	12.814 * (2.04)	10.688 (1.67)
Imp	−0.096 (−0.75)	−0.047 (−0.40)	−0.227 (−0.89)	−0.305 (−1.50)	−0.156 (−0.91)
Fdi	0.076 *** (3.82)	0.074 *** (3.93)	0.071 *** (6.64)	0.073 *** (5.73)	0.080 *** (4.52)
Fin	0.371 *** (5.51)	0.413 *** (5.28)	0.225 ** (2.15)	0.263 ** (2.75)	0.315 ** (2.89)
Infra	0.385 *** (6.02)	0.352 ** (6.34)	0.448 *** (4.03)	0.421 *** (3.94)	0.379 *** (3.56)
Logis	0.189 *** (2.87)	0.175 *** (2.83)	0.132 *** (4.51)	0.147 *** (3.97)	0.182 *** (4.69)
常数项	2.097 *** (4.07)	1.986 *** (4.36)	2.087 *** (3.34)	2.126 *** (3.15)	1.817 ** (2.87)

变量	市场一体化滞后一期（1）	市场一体化滞后二期（2）	劳动密集型行业（3）	资本密集型行业（4）	技术密集型行业（5）
F 检验	33.43 [0.000]	30.84 [0.000]	38.82 [0.000]	37.16 [0.000]	36.44 [0.000]
Hausman 检验	433.39 [0.000]	317.87 [0.000]	241.50 [0.000]	373.06 [0.000]	210.34 [0.000]
模型选择	FE	FE	FE	FE	FE
R^2	0.937	0.938	0.925	0.935	0.937

在控制变量方面，中西部地区物质资本对出口技术复杂度的影响均在 1% 的水平上显著为正，而东部地区物质资本的影响效应不显著。随着中部崛起和西部大开发战略的实施，以及东部发达地区向中西部地区的产业梯度转移，中西部地区经济发展逐渐加快，固定资产投资增速不断提升。样本数据显示，2002—2017 年东部地区固定资本形成总额占 GDP 的比重年均增速仅为 1.60%，而中部、西部地区增速分别达到 3.12% 和 3.32%。充足的资本投入为中西部地区提升出口技术复杂度创造了重要的基础条件。三大区域人力资本对出口技术复杂度的影响均在 1% 的水平上显著为正，但东部地区的估计系数（2.797）大于中部地区（1.996）及西部地区（1.488）。数据显示，样本期间东部地区劳动力平均受教育年限为 9.2 年，中部地区为 8.6 年，西部地区仅为 7.9 年，这充分说明东部地区具有较高的人力资本水平，这提高了东部地区的技术创新能力和效率，从而对出口技术复杂度提升发挥更为积极的促进效应。东部地区研发投入对出口技术复杂度的影响在 10% 的水平上显著为正，中西部地区研发投入系数为负但不显著。数据显示，样本期间东部、中部、西部地区研发经费内部支出占 GDP 的比重分别为 1.9%、1.1%、0.9%。由此可见，东部地区研发经费较为充足，研发投入转化效率较高，在一定程度上推进了技术创新，促进了出口技术复杂度提升，而中部、西部地区研发投入相对不足，研发激励机制不健全，研发效率偏低等问题仍然存在，研发投入的增加并未带动创新效率提升，对出口技术复杂度提升形

成了一定的阻碍。从技术溢出渠道来看，东部地区进口贸易对出口技术复杂度提升具有显著的正向影响，而中部、西部地区影响不显著。外商直接投资（FDI）对东部地区出口技术复杂度的促进作用也同样大于中部、西部地区。长期以来，东部沿海地区依靠优越的地理位置和特殊的政策优惠吸引了大量外商直接投资，而内陆地区外商直接投资非常有限。中国科技人才、科技企业和研发机构也多集聚于经济发达的东部地区，通过进口贸易和FDI产生的技术溢出效应在该地区能够被更好地吸收利用，从而对出口技术复杂度提升发挥更大的促进作用。而在内陆地区尤其是经济落后的西部地区，外商直接投资规模和层次还处于较低水平，致使FDI技术转移和外溢效应对出口技术复杂度提升作用较弱。在二大区域中，金融发展、基础设施和物流效率对出口技术复杂度的影响均显著为正。东部及中部地区金融发展和基础设施的估计系数均大于西部地区，这是由于创新性企业对信贷资金及交通基础设施的需求更大、要求更高，东部、中部地区金融服务体系和基础设施建设更为完善，对出口技术复杂度提升发挥了更好的促进作用。而西部地区金融发展水平和基础设施建设仍然较为落后，对出口技术复杂度提升的积极效应相对较小。在三大区域中，物流效率对西部地区出口技术复杂度提升的影响最为显著，可能的原因是西部地区多数省份均为内陆省份，发达的物流网络对企业运营能力和生产效率的提升将起到更为关键的作用。

市场一体化及各控制变量系数显著性及数值大小的差异性也反映了东部、中部、西部三大区域在出口技术复杂度提升的动力机制方面存在显著差别。其中，人力资本、研发投入、进口贸易、FDI和基础设施对东部地区出口技术复杂度提升发挥了更为积极重要的作用，而市场一体化、物资资本、金融发展和物流效率对中西部地区出口技术复杂度的影响更为显著。与中西部地区相比，东部地区出口技术复杂度的提升对国际市场和国际资源（如进口贸易、FDI）更为依赖。虽然外向型经济发展模式对东部地区崛起和中国经济增长发挥了重要作用，但是在全球贸易局势日益紧张和西方技术封锁更加严重背景下，这种发展模式将面临极大的风险和约束。

3. 时期异质性

由第3章国内市场一体化总体趋势分析可知，2009年之前，国内市

场一体化进程相对缓慢，且受国际金融危机影响市场一体化指数在
2007—2008 年出现较大幅度的波动。2010 年后，国内市场一体化速度不
断加快，市场一体化水平大幅上升。同时，2008 年国际金融危机也使中
国原本相对稳定的国际贸易环境发生了巨大变化。因此，本书以 2008 年
作为分界点，把样本分为 2002—2008 年和 2009—2017 年两个时间段，考
察国内市场一体化对出口技术复杂度的影响的时期异质性和结构性差异，
回归结果见表 5.6 列（4）和列（5）。通过观察两组回归结果，不难发
现，2009 年后国内市场一体化对出口技术复杂度的促进作用显著提高。
2002—2008 年市场一体化的估计系数为 0.048，在 5% 的水平上显著，而
2009—2017 年市场一体化的估计系数提高至 0.156，并在 1% 的水平上显
著。这充分说明在国际市场需求持续低迷和全球经贸风险及不确定性加
剧的背景下，国内市场一体化对出口技术复杂度的提升发挥了更为积极
重要的作用。

　　在控制变量中，人力资本、金融发展和基础设施在 2009 年后对出口
技术复杂度提升产生了更加积极显著的影响。这可能是因为，随着人口
红利的消失，中国传统竞争优势不断弱化，国家更加重视人力资本对提
升企业竞争优势的作用。国际金融危机后，中国加强了金融稳定与金融
安全监管，金融体系不断完善和发展，服务能力和抗风险能力显著增强。
再加上近年来国内基础设施建设不断提速，为出口技术复杂度提升创造
了良好的基础条件和制度环境。但是，研发投入对出口技术复杂度的影
响由前期显著为正变为影响不显著。近年来，中国研发投入不断加大，
2018 年中国研发经费投入强度达到 2.19%，超越了欧盟 15 国平均水平
（2.13%），但与美国（2.79%）、日本（3.21%）等科技强国投入水平
相比仍存在较大差距，[①] 关键核心技术和重要科技成果相对不足，研发经
费投入产出效率有待提升，最终影响了研发投入对出口技术复杂度积极
效应的发挥。

---

① 数据来自经济合作与发展组织（OECD）官方网站数据库 https：//data. oecd. org，最新
数据为 2017 年。

表 5.6　　　　　　　　区域异质性及时期异质性影响回归结果

变量	东部地区 （1）	中部地区 （2）	西部地区 （3）	2002—2008 年 （4）	2009—2017 年 （5）
Integ	0.049 （0.93）	0.155 ** （2.44）	0.123 *** （3.53）	0.048 ** （2.70）	0.156 *** （5.44）
Cap	0.189 （0.77）	1.022 *** （3.93）	0.385 *** （3.31）	0.170 （2.00）	−0.131 （−1.29）
Edu	2.797 *** （4.00）	1.996 *** （4.77）	1.488 ** （3.16）	0.673 （1.79）	1.403 *** （6.26）
Rd	11.566 * （1.97）	−10.229 （−1.12）	−5.176 （−1.16）	13.041 * （2.27）	−1.000 （−0.25）
Imp	0.148 ** （2.14）	0.359 （0.52）	1.104 （1.45）	0.553 *** （6.08）	−0.141 （−1.59）
Fdi	0.161 *** （4.64）	0.032 （0.82）	0.046 ** （2.56）	0.058 *** （7.71）	0.057 ** （2.75）
Fin	0.393 ** （2.66）	0.594 *** （4.35）	0.344 *** （4.85）	−0.451 *** （−5.15）	0.349 *** （3.51）
Infra	0.412 *** （3.06）	0.383 ** （2.20）	0.265 *** （3.30）	0.146 ** （3.38）	1.143 *** （5.10）
Lgois	0.105 ** （2.35）	0.228 *** （6.93）	0.393 *** （6.86）	0.362 *** （10.93）	0.065 （1.51）
常数项	0.366 （0.29）	1.238 * （1.82）	2.249 *** （4.33）	4.998 *** （6.84）	2.855 *** （6.38）
F 检验	47.80 [0.000]	12.22 [0.000]	46.04 [0.000]	24.20 [0.000]	19.17 [0.000]
Hausman 检验	97.95 [0.000]	49.16 [0.000]	250.97 [0.000]	103.19 [0.000]	143.30 [0.000]
模型选择	FE	FE	FE	FE	FE
R^2	0.937	0.951	0.968	0.915	0.912

综上所述，国内市场一体化对出口技术复杂度的影响存在行业、区域及时期异质性。在行业层面，市场一体化水平的提高对技术密集型行业出口技术复杂度的提升作用最为突出，对资本密集型行业的影响次之，

对劳动密集型行业的影响最小。在区域层面，中部地区市场一体化对出口技术复杂度提升的促进作用最大，西部地区市场一体化对出口技术复杂度的提升作用次之，东部地区市场一体化的积极效应并不显著。在时期层面，国际金融危机后国内市场一体化对出口技术复杂度的促进作用显著提高，说明在国际市场需求持续低迷和全球经贸风险及不确定性加剧的背景下，国内市场一体化促进了出口技术复杂度的提升。由此，假设 2 得到验证。

5.1.3.3　稳健性检验

1. 内生性问题

虽然在计量模型中尽可能地控制了影响出口技术复杂度的各种因素，但仍可能存在由遗漏变量导致的内生性问题；同时，市场一体化与出口技术复杂度之间可能存在逆向因果关系，表现在出口技术复杂度的提升可以增强企业竞争力，使政府对企业的"特惠"和扶持趋于减少，从而加速市场一体化进程，即不仅市场一体化会影响出口技术复杂度提升，出口技术复杂度提升也可能会对市场一体化产生影响，从而造成模型联立性偏误。因此，本书借鉴盛斌和毛其淋（2011）的做法，选取市场一体化的一阶滞后项作为工具变量，进行两阶段最小二乘（2SLS）估计。第一阶段回归结果见表 5.7 中列（1），可以看出，市场一体化一阶滞后项的估计系数在 1% 的水平上显著为正，表明市场一体化一阶滞后项与当期市场一体化水平正相关。第二阶段回归结果见列（2），结果显示，Anderson - Rubin Wald F 统计量在 1% 的水平上显著，进一步表明工具变量与潜在内生变量具有较强的相关性。Kleibergen - Paap rk LM 统计量和 Kleibergen - Paap rk Wald F 统计量分别拒绝了工具变量识别不足和弱识别的原假设，充分表明选取的工具变量是合理有效的。核心解释变量市场一体化的估计系数仍然在 1% 的水平上显著为正，且数值由 0.107 增至 0.371，为基准回归结果的近 3.5 倍，这说明忽视内生性问题会低估市场一体化对出口技术复杂度的促进效应。各控制变量估计结果与基准模型基本一致，进一步证实了前述研究结论。

2. 替换度量指标

为检验估计结果的稳健性和敏感性，本书重新计算了被解释变量出口技术复杂度和核心解释变量市场一体化的度量指标,并将它们分别纳入模型进行 2SLS 估计。第一,本书使用现有研究最常用的 RCA 指数法(Hausmann 等,2007),测算了未剔除加工贸易影响的中国各省份出口技术复杂度(表示为 $Soph'$)。[①] 数据显示,东部地区未剔除加工贸易影响的出口技术复杂度($Soph'$)显著高于已剔除加工贸易影响的出口技术复杂度($Soph'$),如 2002—2017 年出口技术复杂度($Soph$)均值排名前三位的北京(值为 32246 元)、上海(值为 32238 元)、广东(值为 31790 元),$Soph'$ 值分别为 32858 元、32418 元和 32408 元,因此本书采用的指标测算方法消除了加工贸易占比较大的省份出口技术复杂度高估的现象,更为准确地反映了其真实出口技术水平。将 $Soph'$ 作为 $Soph$ 的替代变量,对模型进行 2SLS 估计,估计结果见表 5.7 列(3)。可以看出,核心解释变量估计系数符号及显著性均无变化,市场一体化($Integ$)的估计系数为 0.375,略微高于列(2)市场一体化($Integ$)的估计系数 0.371。第二,本书借鉴陆铭和陈钊(2009)的方法,基于相邻省份各类商品的相对价格方差重新计算了市场一体化指数(表示为 $Integ'$),将其作为市场一体化($Integ$)的替代变量,对模型进行 2SLS 估计,估计结果见表 5.7 列(4)。可以看出,核心解释变量估计系数符号及显著性未发生变化,替代变量($Integ'$)的估计系数为 0.516,高于列(2)市场一体化($Integ$)的估计系数 0.371。数据显示,基于相邻省份测算的国内市场一体化水平($Integ'$)要高于基于全部省份测算的国内市场一体化水平($Integ$),[②] 二者总体变动趋势一致,这也验证了本书的前述推断,即以相邻省份相对价格方差对市场一体化指标进行测算,可能会高估国内市场一体化水平。因此,将市场一体化水平测算范围扩展至国内整个市场而不是局限于相邻省份,可以更为合理准确地反映市场一体化对出口技术复杂度的影响效应。各控制变量系数符号与显著性水平也未发生太大变化。这表明,估计结果不会因被解释变量及核心解释变量的不同测度方式而发生较大

---

① 未剔除加工贸易影响的中国各省份出口技术复杂度测算结果见附录 B。

② 基于相邻省份各类商品的相对价格方差测算的各省份市场一体化水平变动趋势图见附录 C。

变化，回归结果在总体上是稳健的。

表 5.7 基准回归模型稳健性检验

变量	2SLS 1st – stage (1)	2SLS 2nd – stage (2)	Soph'为被解释变量 (3)	Integ'为解释变量 (4)	剔除异常样本 (5)
l. Integ	0. 264 ***				
	(5. 10)				
Integ		0. 371 ***	0. 375 ***		0. 288 **
		(3. 08)	(3. 08)		(2. 22)
Integ'				0. 516 ***	
				(3. 14)	
Cap	0. 207 *	0. 374 ***	0. 433 ***	0. 346 ***	0. 364 ***
	(1. 88)	(4. 63)	(5. 14)	(3. 39)	(4. 36)
Edu	1. 260 ***	1. 480 ***	1. 470 ***	1. 184 ***	1. 085 ***
	(4. 06)	(4. 67)	(4. 70)	(3. 03)	(3. 45)
Rd	12. 304 ***	4. 052	3. 352	3. 040	− 1. 149
	(2. 91)	(1. 04)	(0. 92)	(0. 66)	(− 0. 31)
Imp	0. 222	− 0. 178	− 0. 107	− 0. 242	− 0. 054
	(1. 52)	(− 1. 33)	(− 0. 81)	(− 1. 58)	(− 0. 28)
Fdi	0. 026	0. 067 ***	0. 068 ***	0. 046 **	0. 058 ***
	(1. 20)	(4. 63)	(4. 53)	(2. 26)	(4. 04)
Fin	0. 001	0. 371 ***	0. 390 ***	0. 381 ***	0. 415 ***
	(− 0. 02)	(7. 53)	(8. 09)	(6. 43)	(8. 82)
Infra	0. 010	0. 381 ***	0. 379 ***	0. 423 ***	0. 352 ***
	(0. 18)	(8. 92)	(8. 85)	(8. 57)	(8. 02)
Logis	− 0. 037	0. 203 ***	0. 202 ***	0. 204 ***	0. 307 ***
	(− 1. 01)	(7. 03)	(7. 07)	(6. 10)	(9. 86)
Anderson – Rubin Wald 检验		11. 59 [0. 001]	11. 80 [0. 001]	23. 55 [0. 000]	5. 69 [0. 017]
Kleibergen – Paap rk LM 统计量		22. 588 [0. 000]	22. 588 [0. 000]	15. 542 [0. 000]	16. 522 [0. 000]
Kleibergen – Paap rk Wald F 统计量		25. 993 {16. 38}	25. 993 {16. 38}	18. 840 {16. 38}	18. 635 {16. 38}
R²		0. 923	0. 924	0. 877	0. 939

　　注：圆括号内数值为纠正异方差后的 t 统计量或 a 统计量，方括号内数值为相应检验的 P 值，花括号内数值为 Stock – Yogo 检验 10% 水平上的临界值，*** 、** 、* 分别表示在 1%、5% 和 10% 的水平上显著。

3. 剔除异常样本

由样本描述性统计可知，各省份市场一体化水平及出口技术复杂度存在显著的差异。第3章对出口技术复杂度及国内市场一体化的指标测算结果显示，从平均值来看，北京的出口技术复杂度居第一位，值为32246元，而云南居最后一位，值为24080元。市场一体化水平最高的为山东，其市场一体化指数为75.83，最低的地区为天津，指数值为53.83。为防止这些特殊样本对模型估计结果造成影响，本书将上述四个地区予以剔除，再对新样本进行^{2SLS}估计，结果见表5.7列（5）。可以发现，剔除异常样本后市场一体化的估计系数仍在5%的水平上通过显著性检验，其他控制变量系数值及符号均未发生明显变动。各类检验结果均表明工具变量选择合理。由此可见，异常样本点并没有对研究结论造成实质性影响，回归结果是稳健可靠的。

5.2 传导机制检验

上文已考察了国内市场一体化对出口技术复杂度的影响，得到的核心结论是，国内市场一体化显著且稳健地提升了出口技术复杂度。那么，国内市场一体化是通过何种机制提升出口技术复杂度的呢？对此进行研究有助于更深入地理解国内市场一体化与出口技术复杂度之间的内在关系。第4章的理论机制分析表明，国内市场一体化可能会通过成本节约效应、需求驱动效应、技术创新效应、制度改进效应等渠道促进出口技术复杂度提升。为此，本部分将在基准回归模型基础上，选取相应的中介变量，构建中介效应模型，进一步检验四种中介效应是否存在，揭示国内市场一体化影响出口技术复杂度的传导机制，从而对假设3进行验证。

5.2.1 模型设定

中介变量（Mediator）是在自变量与因变量之间发挥中介作用的变量，是自变量对因变量产生影响的内在原因，可以用来表示一种因果关系的内在机制。具体可描述为：如果X影响Y，并且X可通过影响变量M来影响Y，那么M即中介变量。利用中介变量可以解释自变量X对因变

量 Y 的影响机制，中介变量关系如图 5.1 所示。在图 5.1 中，X 为解释变量，Y 为被解释变量，M 为中介变量，c 为 X 对 Y 的总效应，c' 为 X 对 Y 的直接效应，ab 为中介效应，即 X 通过 M 对 Y 产生的影响效应，e_1、e_2、e_3 为误差项。当只存在一个中介变量时，各效应之间的关系为 $c = c' + ab$，中介效应的大小为 $ab = c - c'$（Mackinnon 等，1995）。

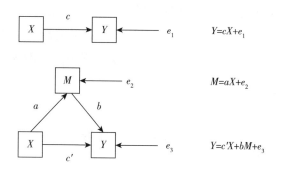

图 5.1　中介变量示意

（资料来源：温忠麟等．调节效应和中介效应分析［M］．北京：教育科学出版社，2012）

检验中介效应的方法有很多，最为常用的是温忠麟等（2012）提出的中介效应检验程序，具体检验步骤如图 5.2 所示。

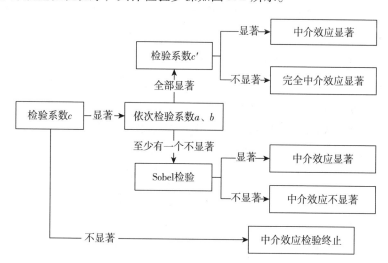

图 5.2　中介效应检验程序

（资料来源：温忠麟等．调节效应和中介效应分析［M］．北京：教育科学出版社，2012）

第一步，对方程 $Y = cX + e_1$ 进行检验，若系数 c 显著，则进行下一步检验，若系数 c 不显著，则表明不具备中介效应检验条件，检验终止。

第二步，对方程 $M = aX + e_2$ 及 $Y = c'X + bM + e_3$ 进行检验，若系数 a、b 均显著，则存在中介效应，可进行第三步检验，若系数 a、b 有一个不显著，则转至第四步 Sobel 检验。

第三步，区分完全中介效应和部分中介效应。根据上一步检验结果，若 c' 显著，则表明存在部分中介效应，即 X 对 Y 的影响，有一部分是通过 M 来实现的，若 c' 不显著，则存在完全中介效应，即 X 对 Y 的影响，完全通过 M 来实现。

第四步，进行 Sobel 检验，统计量 $Z = ab/\sqrt{a^2 \times S_a^2 + b^2 \times S_b^2}$，其中，$S_a$、$S_b$ 分别为系数 a、b 的标准差，若 Z 通过检验，则表明中介效应存在，反之则不存在。

本书基于以上中介效应检验方法，实证考察市场一体化对出口技术复杂度的影响机制，以验证假设 3。中介效应模型设定如下：

$$Soph_{it} = \alpha_0 + \alpha_1 Integ_{it} + \beta C_{it} + \varepsilon_{it} \tag{5.2}$$

$$M_{it} = \sigma_0 + \sigma_1 Integ_{it} + \gamma C_{it} + \mu_{it} \tag{5.3}$$

$$Soph_{it} = \omega_0 + \omega_1 Integ_{it} + \omega_2 M_{it} + \eta C_{it} + \upsilon_{it} \tag{5.4}$$

其中，i 表示地区，t 表示年份；$Soph_{it}$ 表示出口技术复杂度，$Integ_{it}$ 为市场一体化水平；M_{it} 代表中介变量，如前文所述，包含成本节约、需求驱动、技术创新和制度改进四个变量；C_{it} 表示其他影响出口技术复杂度的控制变量；ε_{it}、μ_{it}、υ_{it} 为随机扰动项。

根据温忠麟等（2012）的中介效应检验程序，第一步，对式（5.2）进行估计，式（5.2）与上文基准回归模型式（5.1）相同，考察市场一体化对出口技术复杂度的总体影响效应，前文已证实 $\alpha_1 > 0$ 且通过显著性检验，即市场一体化对出口技术复杂度存在显著的积极影响。第二步，利用式（5.3）考察市场一体化与中介变量之间的关系，根据下文选取的中介变量，预期以成本节约作为中介变量时，市场一体化回归系数 $\sigma_1 < 0$；以需求驱动、技术创新、制度改进作为中介变量时，市场一体化回归系数 $\sigma_1 > 0$。第三步，对式（5.4）进行估计，若 σ_1、ω_1、ω_2 同时显著，且 $\omega_1 < \alpha_1$，表明 M_{it} 存在部分中介效应，即市场一体化对出口技术复杂度的影响，有一部分是依靠 M_{it} 实现的，M_{it} 中介效应的大小为 $\alpha_1 - \omega_1$，中介效应占总效应的比重为（$\alpha_1 - \omega_1$）/α_1；若 σ_1、ω_2 显著，而 ω_1 不显著，表明 M_{it} 存在完全中介效应，即市场一体化对出口技术复杂度的影响，完全依靠 M_{it} 来实现；若 σ_1、ω_2 任意一个不显著，则通过 Sobel 检验判断是否存在中介效应。

5.2.2 变量选取与数据说明

上文已对模型被解释变量、核心解释变量及控制变量的选取及数据来源进行了说明，这里不再赘述。根据第 4 章对传导机制的理论分析，本书选取成本节约、需求驱动、技术创新、制度改进四个中介变量，实证检验国内市场一体化对出口技术复杂度的影响机制。

5.2.2.1 成本节约（Cost）

考虑到近年来中国生产资料价格和劳动力成本的持续增加大大抵消了市场一体化带来的生产成本节约，因此本书仅考察市场一体化通过降低交易成本促进出口技术复杂度提升的机制。现有文献尚未形成对交易成本的统一衡量标准，由于销售费用包含了企业在销售产品和提供劳务等经营业务中所发生的各项交易性费用，以及专设销售机构的各项支出，是企业进入市场必须支付的成本，其含义较为接近市场一体化所涉及的交易成本范畴，可以作为交易成本的替代变量（梁会君和史长宽，2013）。为了使指标具有可比性，本书使用各省份规模以上工业企业销售费用占销售产值的比重来衡量成本节约效应。

5.2.2.2 需求驱动（Dema）

市场一体化带来的消费需求及生产性需求的扩大和升级是促进出口技术复杂度提升的重要基础与动力。由于企业生产性需求扩张的最终结果和根本目的是实现消费需求的增长，本书直接采用代表消费需求的变量衡量市场一体化需求驱动效应的大小。社会消费品零售总额反映了一个地区居民购买力的强弱以及零售市场的规模，在各类与消费有关的统计指标中，这一数据是表现消费需求最为直接的数据，也是衡量地区消费能力的重要指标。因此，本书以各省份社会消费品零售总额占该省生产总值的比重作为需求驱动的代理变量。

5.2.2.3 技术创新（*Tech*）

市场一体化通过提高企业创新意愿和创新效率促进了企业技术创新水平的整体提升，进而对出口技术复杂度提升发挥积极的作用。用于衡量技术创新水平的变量主要包括新产品销售产值及收入、专利申请受理量及授权量等。专利类指标不仅可以表示产品创新，还能反映工艺创新，相较于新产品类指标具有更全面的内涵。而专利申请授权量比受理量更能反映出技术创新的质量与能力（王鹏和张剑波，2013）。因此，本书以各省份国内专利申请授权量来代表技术创新。

5.2.2.4 制度改进（*Ins*）

制度改进变量主要衡量的是制度环境的改善，其他文献将其称为制度质量或制度因素。国内市场一体化的深入推进更加明确了政府和市场的边界，减少了非经济因素对商品与生产要素跨地区流动的干扰和约束，为制造业市场拓展能力和生产效率提升创造了良好的制度环境。由于制度环境的概念较为宽泛，难以量化，目前学界还未形成统一公认的测度标准。本书借鉴大部分文献的做法，选取樊纲等（2011）和王小鲁等（2019）测算的市场化指数来衡量制度改进情况。[1]

成本节约、需求驱动指标测算数据来源于《中国统计年鉴》；技术创新指标所用数据来源于《中国科技统计年鉴》；制度改进指标测算数据来源于樊纲等（2011）的《中国市场化指数：各地区市场化相对进程2011年报告》和王小鲁等（2019）的《中国分省份市场化指数报告(2018)》。[2] 技术创新和制度改进指标取对数进入模型，以消除量纲及异

---

[1] 樊纲等（2011）和王小鲁等（2019）测算的市场化指数从政府与市场的关系、非国有经济的发展、产品市场的发育程度、要素市场的发育程度、市场中介组织的发育程度和法治环境五个方面全面衡量了中国各省份市场化状况，其含义与市场一体化的制度改进效应较为契合。

[2] 由于两个报告测算的市场化指数存在统计口径差异，为了保证数据连续性，本书直接使用《中国分省份市场化指数报告（2018）》中2008—2016年的市场化指数数据，而对2011年报告中测算出的2002—2007年数据进行了适当调整，以使数据尽可能地具有可比性。由于报告数据截至2016年，本书使用移动平均法补齐2017年数据。

方差问题。由于模型其他变量与基准回归模型一致，这里仅列出中介变量的描述性统计（见表 5.8）。

表 5.8　　　　　　　　　　中介变量描述性统计

变量	样本数	均值	标准差	最小值	最大值
成本节约（Cost）	480	0.029	0.008	0.015	0.075
需求驱动（Dema）	480	0.357	0.061	0.218	0.603
技术创新（Tech）	480	8.893	1.668	4.248	12.714
制度改进（Ins）	480	1.678	0.334	0.740	2.316

5.2.3　实证结果与分析

下面将分别检验市场一体化通过成本节约效应、需求驱动效应、技术创新效应和制度改进效应等渠道促进出口技术复杂度提升的机制是否存在。

5.2.3.1　成本节约效应检验

表 5.9 给出了成本节约效应的检验结果，其中列（1）是式（5.2）的估计结果，与表 5.4 列（9）估计结果相同，表 5.9 列（2）、列（3）分别以成本节约和出口技术复杂度为被解释变量，即式（5.3）和式（5.4）的估计结果。列（2）结果显示，市场一体化系数为负，没有通过显著性检验。这说明市场一体化对降低企业交易成本的作用并不显著。而列（3）结果显示，市场一体化估计系数在 1% 的水平上显著为正，成本节约（中介变量 M）估计系数在 10% 的水平上显著为负，市场一体化的估计系数为 0.100，小于列（1）估计系数 0.107。根据中介效应检验程序，本书通过 Sobel 检验进一步验证成本节约的中介效应是否存在。结果显示，Z 统计量值为 2.016，p 值为 0.044，小于 0.05，表明成本节约的中介效应存在。但通过计算可得，成本节约的中介效应仅为 0.007，占总效应的比重不到 7%。

可见，市场一体化通过降低企业成本对出口技术复杂度产生的促进作用还不十分明显。虽然国内市场一体化逐步推进，但地方保护和市场分割并未根除，区域间行政壁垒多、制度差异大、政策标准不一致等突出问题仍旧存在,各类地方保护行为阻碍了企业正常的跨区域经营以及商品和生产要素跨区域自由流动,增加了企业市场准入与流通成本,这可能是市场一体化在降低交易成本方面发挥的作用较为有限的主要原因。

表 5.9 成本节约效应检验

变量	Soph 为被解释变量 (1)	Cost 为被解释变量 (2)	Soph 为被解释变量 (3)
Integ	0.107 ***	− 0.001	0.100 ***
	(3.64)	(− 0.47)	(3.61)
Cap	0.476 ***	− 0.008	0.458 ***
	(4.20)	(− 1.49)	(6.97)
Edu	2.104 ***	0.001	2.106 ***
	(5.78)	(0.12)	(11.20)
Rd	9.129	− 0.151	8.775 ***
	(1.70)	(− 0.98)	(3.60)
Imp	− 0.032	− 0.016 ***	− 0.071
	(− 0.28)	(− 4.01)	(− 0.68)
Fdi	0.070 ***	− 0.002 ***	0.066 ***
	(3.54)	(− 4.09)	(5.30)
Fin	0.328 ***	0.005 *	0.340 ***
	(4.84)	(2.03)	(8.39)
Infra	0.407 ***	− 0.003	0.399 ***
	(6.44)	(− 1.24)	(12.99)
Logis	0.175 **	− 0.003	0.169 ***
	(2.68)	(− 0.89)	(8.32)
Cost			− 2.349 *
			(− 1.84)
常数项	1.829 ***	0.069 ***	1.990 ***
	(3.31)	(4.59)	(6.35)
F 检验	36.80	18.70	35.23
	[0.000]	[0.000]	[0.000]
Hausman 检验	921.74	148.73	226.47
	[0.000]	[0.000]	[0.000]
模型选择	FE	FE	FE

续表

变量	*Soph* 为被解释变量 （1）	*Cost* 为被解释变量 （2）	*Soph* 为被解释变量 （3）
R²	0.942	0.437	0.942
Sobel 检验		2.016 [0.044]	
中介效应		0.007	
中介效应占总 效应的比重		6.54%	

注：圆括号内数值为纠正异方差后的 t 统计量，方括号内数值为 Sobel 检验的 P 值；***、** 和 * 分别表示在 1%、5% 和 10% 的显著性水平上显著，下同。

5.2.3.2　需求驱动效应检验

表 5.10 显示了需求驱动效应的检验结果，其中列（1）是对式（5.2）的估计结果，列（2）、列（3）分别以需求驱动和出口技术复杂度为被解释变量，是对式（5.3）、式（5.4）的估计结果。从表 5.10 列（2）可以看出，市场一体化对需求驱动的影响在 5% 的水平上显著为正，表明市场一体化驱动了消费需求的增长。列（3）结果显示，市场一体化和需求驱动（中介变量 M）对出口技术复杂度的影响分别在 5% 和 1% 的水平上显著为正，且市场一体化的估计系数（值为 0.087）小于列（1）估计系数 0.107，表明需求驱动发挥了部分中介效应，其中介效应为 0.02，占总效应的 18.69%。这说明市场一体化可以通过推进地区消费需求升级对出口技术复杂度产生积极的影响，与理论预期一致。

近年来，中国消费市场不断扩大和升级，样本数据显示，在 2002—2017 年，中国各省份人均社会消费品零售总额平均值从 0.38 万元增长至 2.54 万元，在 16 年中提高了近 6 倍，社会消费品零售总额占生产总值的比重从 35.65% 提升至 41.73%，消费逐渐成为拉动经济增长的关键“引擎”，这不仅得益于生产能力、服务水平的提升和收入分配的改善，而且与国内市场一体化水平的提高密不可分。地方保护主义和国内市场分割将影响潜在需求向现实需求的转化，抑制内需的进一步扩大，只有不断加快国内市场一体化进程，才可以有效地发挥大国规模经济效应，形成扩大内需的长效机制。近年来，在国内实体经济不景气的环境下，各大电商平台却异军突起,网购市场交易规模大幅攀升,这正是由于其借助无边界的互联网打破了人为的市场分割,通过简化流通环节和创造规模经济降低了经营成本,从而凭借较高性价比的商品赢得了市场。因此,市场一体化水平的提升,有助于进一步刺激消费和扩大内需,从而促进相关行业发展与壮大,加速产业结构转型升级与技术进步,促进出口技术复杂度进一步提升。

表5.10   需求驱动效应检验

变量	$Soph$ 为被解释变量 (1)	$Dema$ 为被解释变量 (2)	$Soph$ 为被解释变量 (3)
$Integ$	0.107***	0.016**	0.087**
	(3.64)	(2.18)	(2.38)
Cap	0.476***	−0.066*	0.562***
	(4.20)	(−1.93)	(3.80)
Edu	2.104***	−0.029	2.142***
	(5.78)	(−0.66)	(5.85)
Rd	9.129	1.035	7.780
	(1.70)	(0.84)	(1.42)
Imp	−0.032	0.037	−0.080
	(−0.28)	(1.08)	(−0.43)
Fdi	0.070***	0.008	0.060***
	(3.54)	(1.28)	(4.68)
Fin	0.328***	0.117***	0.176***
	(4.84)	(6.26)	(3.65)
$Infra$	0.407***	0.011	0.393***
	(6.44)	(0.95)	(3.87)
$Logis$	0.175**	0.009	0.163***
	(2.68)	(0.85)	(3.97)
$Dema$			1.303***
			(3.90)
常数项	1.829***	0.109	1.687**
	(3.31)	(1.55)	(2.80)
F检验	36.80	26.73	41.19
	[0.000]	[0.000]	[0.000]

续表

变量	Soph 为被解释变量 （1）	Dema 为被解释变量 （2）	Soph 为被解释变量 （3）
Hausman 检验	921.74 [0.000]	39.42 [0.000]	610.60 [0.000]
模型选择	FE	FE	FE
R²	0.942	0.524	0.947
中介效应	0.02		
中介效应占总 效应的比重	18.69%		

5.2.3.3　技术创新效应检验

表 5.11 报告了技术创新效应的检验结果。其中列（1）是对式（5.2）的估计结果，列（2）、列（3）分别以技术创新和出口技术复杂度为被解释变量，是对式（5.3）、式（5.4）的估计结果。列（2）估计结果显示，市场一体化的估计系数在 5% 的水平上显著为正，表明市场一体化的推进对技术创新起到促进作用。列（3）结果表明，市场一体化的估计系数在 5% 的水平上显著为正，技术创新（中介变量 M）的估计系数在 1% 的水平上显著为正，市场一体化估计系数为 0.064，小于列（1）估计系数 0.107，验证了技术创新中介效应的存在，其中介效应为 0.043，占总效应的 40.19%，表明市场一体化可以通过促进技术创新进而推动出口技术复杂度提升，与理论预期一致。

表 5.11　　　　　　　　　　技术创新效应检验

变量	Soph 为被解释变量 （1）	Tech 为被解释变量 （2）	Soph 为被解释变量 （3）
Integ	0.107 *** （3.64）	0.199 ** （2.46）	0.064 ** （2.50）
Cap	0.476 *** （4.20）	0.309 （1.17）	0.409 *** （4.11）
Edu	2.104 *** （5.78）	4.412 *** （4.88）	1.147 *** （4.72）
Rd	9.129 （1.70）	30.611 * （1.79）	2.490 （0.56）

125

变量	*Soph* 为被解释变量 （1）	*Tech* 为被解释变量 （2）	*Soph* 为被解释变量 （3）
Imp	−0.032 （−0.28）	−0.518 （−1.40）	0.080 （0.91）
Fdi	0.070 *** （3.54）	0.179 *** （3.82）	0.031 （1.53）
Fin	0.328 *** （4.84）	0.921 *** （5.44）	0.128 * （1.74）
Infra	0.407 *** （6.44）	0.631 *** （4.30）	0.270 *** （3.87）
Logis	0.175 ** （2.68）	0.304 * （1.76）	0.109 ** （2.56）
Tech			0.217 *** （5.25）
常数项	1.829 *** （3.31）	−7.534 *** （−5.60）	3.463 *** （8.72）
F 检验	36.80 ［0.000］	39.57 ［0.000］	47.66 ［0.000］
Hausman 检验	921.74 ［0.000］	47.54 ［0.000］	293.61 ［0.000］
模型选择	FE	FE	FE
R²	0.942	0.920	0.956
中介效应	0.043		
中介效应占总效应的比重	40.19%		

数据显示，2002—2017 年，伴随着国内市场一体化的推进，中国各省份技术创新能力不断增强，平均国内专利申请授权量由 2002 年的 3357 项上升至 2017 年的 56823 项，年均增长速度为 20.75%，同时，中国各省份出口技术复杂度以年均 11.04% 的幅度提高。从省级层面来看，青海和海南市场一体化程度远远落后于广东和浙江等发达省份，前两者市场一体化水平年均值分别为 63.57 和 55.42，后两者分别为 71.31 和 71.77。

同时，青海和海南年均国内专利申请授权量也位于全国倒数第一、第二位，分别为 490 项和 883 项，远远低于广东（121910 项）和浙江（109972 项）的技术创新水平。青海和海南的出口技术复杂度均值分别为 25809 元和 26319 元，也低于广东和浙江（均值分别为 31790 元和 29059元）。因此，随着青海等省份市场一体化水平的提升，地区创新意愿及创新效率将不断提高，从而成为促进出口技术复杂度提升的重要力量。

5.2.3.4　制度改进效应检验

表 5.12 显示了制度改进效应的检验结果。其中列（1）是对式（5.2）的估计结果，列（2）、列（3）分别以制度改进和出口技术复杂度为被解释变量，是对式（5.3）、式（5.4）的估计结果。列（2）估计结果显示，市场一体化对制度改进的影响为正，并在 1% 的水平上显著，说明市场一体化显著促进了制度环境的改善。列（3）结果表明，市场一体化及制度改进（中介变量 M）的估计系数均在 1% 的水平上显著为正，市场一体化估计系数为 0.075，小于列（1）市场一体化估计系数 0.107，验证了制度改进中介效应的存在，其中介效应为 0.032，占总效应的29.90%，表明制度改进对市场一体化存在部分中介效应，市场一体化可以通过转变政府职能、改进制度环境对出口技术复杂度产生提升效应，与理论预期一致。

表 5.12　　　　　　　　　　　制度改进效应检验

变量	$Soph$ 为被解释变量 (1)	Ins 为被解释变量 (2)	$Soph$ 为被解释变量 (3)
$Integ$	0.107 ***	0.061 ***	0.075 ***
	(3.64)	(3.19)	(3.14)
Cap	0.476 ***	0.139 *	0.403 ***
	(4.20)	(1.80)	(4.28)
Edu	2.104 ***	0.528 **	1.826 ***
	(5.78)	(2.19)	(6.63)
Rd	9.129	4.864	6.566
	(1.70)	(0.99)	(1.55)
Imp	− 0.032	− 0.058	− 0.002
	（− 0.28）	（− 0.75）	（− 0.02）

续表

变量	Soph 为被解释变量 （1）	Ins 为被解释变量 （2）	Soph 为被解释变量 （3）
Fdi	0.070 ***	0.053 ***	0.042 **
	（3.54）	（3.78）	（2.22）
Fin	0.328 ***	0.028	0.313 ***
	（4.84）	（0.77）	（4.80）
Infra	0.407 ***	0.196 ***	0.304 ***
	（6.44）	（5.53）	（5.14）
Logis	0.175 **	0.001	0.174 ***
	（2.68）	（0.01）	（3.50）
Ins			0.527 ***
			（4.11）
常数项	1.829 ***	−0.562	2.125 ***
	（3.31）	（−1.24）	（5.08）
F 检验	36.80	22.87	36.74
	[0.000]	[0.000]	[0.000]
Hausman 检验	921.74	46.97	1356.37
	[0.000]	[0.000]	[0.000]
模型选择	FE	FE	FE
R^2	0.942	0.728	0.952
中介效应	0.032		
中介效应占总 效应的比重	29.90%		

数据显示，在样本期间，市场一体化指数和衡量制度改进效应的市场化指数呈现出较为相似的变动趋势。金融危机期间，由于行政力量对市场的干预，市场一体化水平及市场化水平都出现了下降。2010 年后，市场一体化进程明显加快，市场化水平也出现大幅提升，特别是非国有经济发展、要素市场发育以及法治环境建设取得积极进展。2014 年后，国内市场一体化水平有所下降，各省份市场化的推进也出现停滞或下滑趋势。市场一体化进程的加快，有利于创造公平、自由和充分竞争的制度环境，避免企业之间不公平竞争引致的创新收益损失和资源损耗，降

低企业技术创新活动的预期风险，尤其是为处于市场竞争弱势地位的民营企业及中小企业创造了更加公平透明的发展环境，促进了出口技术复杂度提升。

以上中介效应检验结果表明，市场一体化可以通过成本节约效应、需求驱动效应、技术创新效应和制度改进效应等渠道促进出口技术复杂度的提高，验证了假设 3，也为假设 1 提供了有力支撑。成本节约效应、需求驱动效应、技术创新效应、制度改进效应在总效应中所占的比重依次为 6.54%、18.69%、40.19% 和 29.90%，表明市场一体化通过推进技术创新进而促进出口技术复杂度提升的机制最为有效，制度改进和需求驱动的中介效应次之，成本节约的中介作用还较为微弱。

5.3　门槛效应检验

由 5.1 节基准回归模型的实证分析结果可知，市场一体化显著促进了出口技术复杂度提升，但市场一体化对出口技术复杂度的影响存在区域异质性及时期异质性：中部及西部地区市场一体化估计系数为正，并分别在 5% 和 1% 的水平上显著，而东部地区市场一体化的影响效应不显著；2002—2008 年市场一体化的估计系数为 0.048，在 5% 的水平上显著，而2009—2017 年市场一体化的估计系数提高至 0.156，并在 1% 的水平上显著，即 2009 年后国内市场一体化对出口技术复杂度的促进作用显著提高。这种区域间及不同时间阶段影响的差异性可能源于市场一体化与出口技术复杂度之间的非线性关系。第 4 章针对门槛效应的理论分析表明，市场一体化虽然可以对提升出口技术复杂度发挥重要作用，但其作用大小会受到市场一体化程度、经济发展水平、技术创新能力以及技术市场发展的约束。为此，本部分在基准回归模型的基础上，采用面板门槛模型实证检验国内市场一体化对出口技术复杂度影响的门槛效应，刻画二者之间可能存在的更为复杂的非线性关系，剖析市场一体化积极效应充分释放与出口技术复杂度提升的约束机制，从而对假设 4 进行验证，为相关部门根据各省份经济发展的不同阶段的特点，制定更具有针对性的政策措施提供参考依据。

5.3.1 模型设定

目前，针对变量间非线性关系的检验方法主要有两种：一是引入变量平方项进行回归；二是人为划分样本区间，分别对各子样本回归。第一种方法忽略了平方项与一次项的高度相关性，难以避免多重共线性问题，且只能考察两个变量（如 x 与 y）之间的非线性关系，无法判断随着第三方变量（如 z）的变化，x 与 y 之间关系的变化；而第二种方法主观性较强，难以判断划分标准是否恰当，可能导致回归结果偏误。Hansen（1999）提出的门槛回归模型根据数据自身特点来识别及划分门槛区间，规避了上述方法的缺陷和不足，为验证变量间的非线性关系提供了新的研究工具，在诸多领域得到广泛应用。

本书借鉴 Hansen（1999）的面板门槛模型，实证考察市场一体化与出口技术复杂度之间的非线性关系，以验证假设 4。模型设定如下：

$$Soph_{it} = \alpha_0 + \alpha_1 Integ_{it} \times I(q_{it} \leq \gamma) + \alpha_2 Integ_{it} \times I(q_{it} > \gamma) + \beta C_{it} + \varepsilon_{it}$$

$$(5.5)$$

式中，i 表示省份，t 表示年份；$Soph_{it}$ 表示出口技术复杂度，$Integ_{it}$ 为市场一体化水平；q_{it} 为门槛变量，γ 为待估门槛值，$I(q_{it} \leq \gamma)_{it}$ 和 $I(q_{it} \leq \gamma)_{it}$ 为示性函数，若括号内条件成立，则取值为 1，反之取值为零；C_{it} 表示其他影响出口技术复杂度的控制变量；ε_{it} 为随机扰动项。式（5.5）为单一门槛模型，双重门槛模型可扩展为

$$Soph_{it} = \alpha_0 + \alpha_1 Integ_{it} \cdot I(q_{it} \leq \gamma_1) + \alpha_2 Integ_{it} \cdot I(\gamma_1 < q_{it} \leq \gamma_2)$$
$$+ \alpha_3 Integ_{it} \cdot I(q_{it} > \gamma_2) + \beta C_{it} + \varepsilon_{it} \qquad (5.6)$$

多重门槛模型构造与此类似，此处不再赘述。

5.3.2 变量选取与数据说明

模型被解释变量、核心解释变量及控制变量均与基准回归模型（5.1）相同。根据第 4 章的理论机制分析，门槛变量包括市场一体化、经济发展、技术创新及技术市场发展四个变量。

（1）市场一体化（$Integ$）。既为核心解释变量，又为门槛变量，计算

方法及数据来源见上文。

（2）经济发展（*Gdp*）。多数研究使用人均实际 GDP 作为经济发展水平的代理变量，本书也沿用这一做法。为消除价格因素的影响，本书将各省份名义生产总值以 GDP 指数进行平减，转化为以 2000 年为基期的实际生产总值，以此来衡量各省份经济发展水平。

（3）技术创新（*Tech*）。与上文中介变量中的技术创新变量一致，以各省份国内专利申请授权量来代表。

（4）技术市场发展（*Tecm*）。技术市场是技术发布、交流和交易的平台。发达的技术市场可以促进科技成果转化和技术转移，增加技术溢出，优化创新资源配置，对企业研发创新活动起到激励作用（Arora 等，2001；Tietze 和 Herstatt，2010）。关于如何衡量技术市场发展程度，目前学界还未形成统一公认的标准。由于技术市场成交额既反映了技术市场的含义，又简单明了，且数据完整易于获取，本书借鉴戴魁早（2018）的方法，采用各省份技术市场成交额来衡量技术市场发展。

经济发展、技术市场发展指标测算数据来源于《中国统计年鉴》；技术创新指标所用数据来源于《中国科技统计年鉴》；衡量技术市场发展所使用的技术市场成交额数据以居民消费价格指数（2000 年为基期）进行平减，以剔除物价水平波动的影响。市场一体化、经济发展、技术创新和技术市场发展变量均取对数进入模型，以消除量纲及异方差问题。各门槛变量描述性统计如表 5.13 所示（其他变量描述性统计见前文）。

表 5.13　　　　　　　　　门槛变量描述性统计

变量	样本数	均值	标准差	最小值	最大值
市场一体化（*Integ*）	480	4.183	0.273	3.252	4.836
经济发展（*Gdp*）	480	9.958	0.742	8.094	11.876
技术创新（*Tech*）	480	8.893	1.668	4.248	12.714
技术市场发展（*Tecm*）	480	3.388	1.751	-1.685	8.093

5.3.3 实证结果与分析

5.3.3.1 门槛效应检验

首先对门槛效应及门槛值进行检验和测算。由表5.14可知，以市场一体化为门槛变量的模型在5%的显著性水平上通过单一门槛检验，门槛值为4.180；以经济发展为门槛变量的模型分别在10%和1%的显著性水平上通过单一门槛和双重门槛检验，两个门槛值分别为10.032和11.442；以技术创新为门槛变量，单一门槛和双重门槛回归均在10%的显著性水平上通过检验，第一门槛值为6.161，第二门槛值为9.204；以技术市场发展为门槛变量的模型在5%的显著性水平上通过单一门槛检验，门槛值为2.675。

根据相应门槛值将市场一体化、技术市场发展分为高、低两个门槛区间，将经济发展和技术创新分为高、中、低三个门槛区间。图5.3至图5.6分别为2002—2017年市场一体化、经济发展、技术创新和技术市场发展各门槛区间省份数量，表5.15列明了2002年、2010年和2017年各门槛区间的省份分布情况。

由图5.3可知，2010年前市场一体化高水平区段省份数量波动幅度较大。2002年位于市场一体化高水平区段的省份仅有1个，为山东省，其余省份均位于市场一体化低水平区段。2003年，位于高区段的省份增加至4个，但2004年又下降为零。2005—2007年多数省份位于市场一体化高水平区段。受国际金融危机影响，2008年、2009年处于市场一体化高水平区段的省份大幅减少，至2010年仅有安徽、四川和宁夏3个省份位于高水平区段。2011年后，市场一体化高区段省份数量不断提升并趋于稳定，2017年位于市场一体化高水平区段的省份共28个，仅有河北、海南位于低水平区段。

表5.14 门槛效应检验

门槛变量	模型	F值	P值	BS次数	临界值			门槛值
					10%	5%	1%	
市场一体化	单一门槛	12.22**	0.046	300	10.442	11.606	16.312	4.180
	双重门槛	7.34	0.183	300	8.846	9.821	14.956	
	三重门槛	7.42	0.346	300	12.284	14.149	17.353	

续表

门槛变量	模型	F 值	P 值	BS 次数	临界值			门槛值
					10%	5%	1%	
经济发展	单一门槛	32.99 *	0.066	300	29.197	34.617	47.749	10.032
	双重门槛	45.12 ***	0.006	300	25.774	30.112	40.480	11.442
	三重门槛	36.37	0.806	300	75.295	85.121	97.113	
技术创新	单一门槛	18.85 *	0.090	300	18.556	21.990	32.256	6.161
	双重门槛	18.05 *	0.073	300	15.462	19.143	27.597	9.204
	三重门槛	15.12	0.523	300	39.035	46.295	53.253	
技术市场发展	单一门槛	17.69 **	0.043	300	12.327	16.884	28.031	2.675
	双重门槛	2.75	0.393	300	6.922	8.529	12.119	
	三重门槛	1.95	0.600	300	9.120	12.128	19.785	

注：***、**和 * 分别表示在 1%、5% 和 10% 的水平上显著。

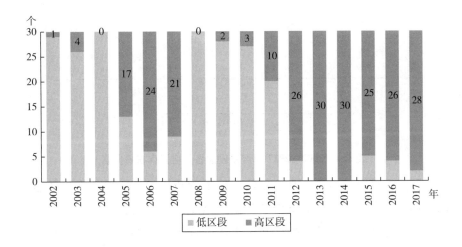

图 5.3　2002—2017 年市场一体化各门槛区间省份数量

由图 5.4 可以看出，2002—2017 年位于经济发展中水平区段的省份数量不断增加，而位于低水平区段的省份数量不断减少，这说明各省份经济发展水平得到较大提升，但处于经济发展高水平区段的省份仍然较少。2002 年位于经济发展中水平区段的省份有 2 个，分别为北京和上海，其他省份均位于经济发展低水平区段。2010 年，北京、天津、内蒙古、辽宁、吉林、黑龙江、上海、江苏、浙江、福建、山东、广东12个省份位于经济发展中水平区段，以东部省份为主。2011年起，逐渐有省份跨入经济发展高水平区段，位于经济发展低水平区段的省份逐渐减少。2017年位于经济发展高水平区段的省份有3个，分别为北京、天津和上海，仅有贵州和甘肃2个西部省份没有跨入经济发展中等水平门槛。这充分说明虽然中国区域经济发展不平衡，西部地区经济发展相对落后，但近年来，随着国家对西部地区政策扶持力度不断加大，许多西部省份摆脱了贫穷落后的经济状态，开始向中等经济发展水平区间迈进。

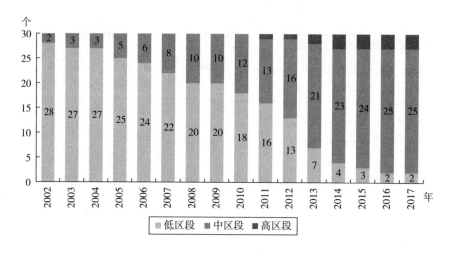

图 5.4　2002—2017 年经济发展各门槛区间省份数量

图5.5显示，2002—2017年位于技术创新能力高区段的省份数量不断增加，而中、低区段的省份数量不断减少，这说明各省份科技实力和创新能力得到大幅提升。2002年位于技术创新能力高区段的省份有2个，分别为浙江、广东，位于技术创新能力低区段的省份有4个，分别为海南、甘肃、青海和宁夏，多数省份位于中区段。2010年仅有青海还位于技术创新能力低区段，山西、吉林、黑龙江、江西4个中部省份，内蒙古、广西、贵州、云南、甘肃、宁夏、新疆7个西部省份以及海南位于中区段，多数东部及中部省份位于技术创新能力高区段。2011年起，位于技术创新能力低区段的省份消失，至2017年仅有海南1个东部省份及内蒙古、甘肃、青海、宁夏、新疆5个西部省份没有跨入技术创新高水

平门槛。这说明中国各省份区域创新能力也存在一定的差别，东部地区技术创新能力突出，长期处于引领地位，而中西部地区相对落后，但近年来取得较快发展。

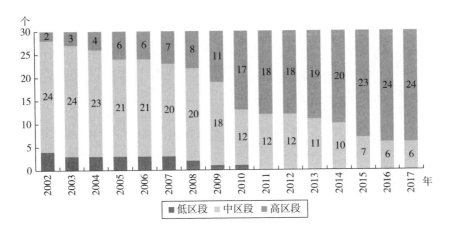

图 5.5　2002—2017 年技术创新各门槛区间省份数量

表 5.15　　　　　　　　　　各门槛区间省份分布

门槛变量		2002 年	2010 年	2017 年
市场一体化	高区段	山东（1 个）	安徽、四川、宁夏（3 个）	其余 28 个省份均在此区间
	低区段	其余 29 个省份均在此区间	其余 27 个省份均在此区间	河北、海南（2 个）
经济发展	高区段	无	无	北京、天津、上海（3 个）
	中区段	北京、上海（2 个）	北京、天津、内蒙古、辽宁、吉林、黑龙江、上海、江苏、浙江、福建、山东、广东（12 个）	其余 25 个省份均在此区间
	低区段	其余 28 个省份均在此区间	其余 18 个省份均在此区间	贵州、甘肃（2 个）

续表

门槛变量		2002 年	2010 年	2017 年
技术创新	高区段	浙江、广东（2 个）	北京、天津、河北、辽宁、上海、江苏、浙江、安徽、福建、山东、河南、湖北、湖南、广东、重庆、四川、陕西（17 个）	其余 24 个省份均在此区间
	中区段	其余 24 个省份均在此区间	山西、内蒙古、吉林、黑龙江、江西、广西、海南、贵州、云南、甘肃、宁夏、新疆（12 个）	内蒙古、海南、甘肃、青海、宁夏、新疆（6 个）
	低区段	海南、甘肃、青海、宁夏（4 个）	青海（1 个）	无
技术市场发展	高区段	北京、天津、辽宁、上海、江苏、浙江、山东、河南、湖北、湖南、广东、重庆、云南、陕西（14 个）	其余 23 个省份均在此区间	其余 26 个省份均在此区间
	低区段	河北、山西、内蒙古、吉林、黑龙江、安徽、福建、江西、广西、海南、四川、贵州、甘肃、青海、宁夏、新疆（16 个）	广西、海南、贵州、云南、青海、宁夏、新疆（7 个）	内蒙古、海南、宁夏、新疆（4 个）

注：限于篇幅，此表仅列明了 2002 年、2010 年、2017 年各门槛区间区域分布情况。

由图 5.6 可知，2002—2017 年位于技术市场发展高水平区段的省份数量不断增加，而低水平区段的省份数量不断减少，这说明各省份技术市场发展水平不断提升。2002 年位于技术市场发展高水平区段的省份有 14 个，包括北京、天津、辽宁、上海、江苏、浙江、山东、广东 8 个东部省份，河南、湖北、湖南 3 个中部省份和重庆、云南、陕西 3 个西部省份。2010 年，仅有海南和广西、贵州、云南、青海、宁夏、新疆 6 个西部省份还未跨入技术市场发展高水平门槛。2017 年，位于技术市场发展低水平区段的省份只剩下 4 个，分别为内蒙古、海南、宁夏和新疆。

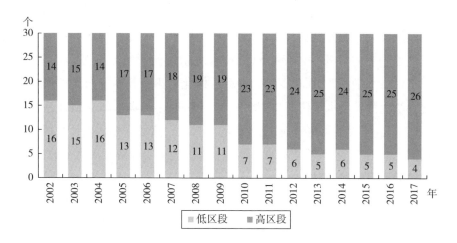

图 5.6　2002—2017 年技术市场发展水平各门槛区间省份数量

5.3.3.2　门槛模型回归结果及分析

表 5.16 列（1）显示，当市场一体化水平低于门槛值 4.180 时，对出口技术复杂度的影响不显著，而当市场一体化水平高于门槛值 4.180 时，对出口技术复杂度提升具有显著的促进作用。这说明，市场一体化水平制约了它本身对出口技术复杂度的提升效应。只有当市场一体化水平跨越一定的门槛值，中国特有的大国经济优势才能充分释放，从而对出口技术复杂度提升发挥正向显著的促进作用，这与理论分析结果相吻合。表 5.15 显示，2010 年没有东部省份位于市场一体化高水平区间，2017 年河北、海南两个东部省份仍然位于市场一体化低水平区间，且根据第 3 章对国内市场一体化现状的分析，在市场一体化平均值最低的 5 个省份中，天津、海南和上海均为东部地区。这进一步说明东部地区市场一体化进程滞后于经济高质量发展需求，不能对出口技术复杂度提升发挥应有的作用，与前文估计结果具有较强的一致性。通过观察图 5.3 可知，2002—2008 年，市场一体化高水平区段省份数量波动幅度较大。2002—2004 年及 2008 年均有大量省份未跨入高水平门槛，而在 2009 年

后，位于市场一体化高水平区段的省份数量逐渐增多，这进一步解释了前文中关于"2009年后国内市场一体化对出口技术复杂度的促进作用显著提高"，即2009—2017年位于市场一体化高水平区段的省份数量大大多于2002—2008年，从而对出口技术复杂度发挥了更加积极的促进作用。

经济发展门槛模型估计结果见表5.16列（2）。结果显示，在不同经济发展水平下，市场一体化对出口技术复杂度的影响具有显著的差异。在经济发展水平低于10.032时，市场一体化对出口技术复杂度的影响不显著，当经济发展水平位于10.032~11.442时，市场一体化估计系数为0.071，当经济发展水平跨越11.442的门槛时，市场一体化估计系数进一步提高为0.149，且均在1%的水平上显著。这表明经济发展水平的提高，能够极大增强市场一体化对出口技术复杂度的促进作用。正如本书第4章理论分析所述，在不同的经济发展水平下，市场一体化对出口技术复杂度的影响效应具有显著的差异。当地区经济发展水平较低时，市场一体化积极效应带来的效率提升，可能被竞争失利和要素资源外流导致的效率损失抵消，从而阻碍出口技术复杂度提升。而当经济发展水平跨越一定的门槛值时，市场一体化才能对出口技术复杂度发挥积极的促进作用，并且随着经济发展水平的提升，市场一体化对出口技术复杂度提升的积极作用会逐渐增强。因此，只有在加快市场一体化的同时，不断提升经济发展水平，才能显著提高生产效率，充分发挥市场一体化对出口技术复杂度提升的乘数效应。

表5.16　　　　　　　　　　　门槛模型估计结果

变量	市场一体化门槛模型（1）	经济发展门槛模型（2）	技术创新门槛模型（3）	技术市场发展门槛模型（4）
$Integ \cdot I$	$Integ \leqslant 4.180$ 0.059 (1.60)	$Gdp \leqslant 10.032$ 0.045 (1.60)	$Tech \leqslant 6.161$ 0.051 (1.53)	$Tecm \leqslant 2.675$ 0.087*** (3.14)
	$Integ > 4.180$ 0.078** (2.30)	$10.032 < Gdp \leqslant 11.442$ 0.071*** (2.61)	$6.161 < Tech \leqslant 9.204$ 0.093*** (3.27)	$Tecm > 2.675$ 0.107*** (3.78)

续表

变量	市场一体化 门槛模型 （1）	经济发展 门槛模型 （2）	技术创新 门槛模型 （3）	技术市场发展 门槛模型 （4）
$Integ \cdot I$		$Gdp > 11.442$ 0.149 *** （5.35）	$Tech > 9.204$ 0.120 *** （4.26）	
Cap	−0.070 （−1.23）	0.444 *** （7.35）	0.421 *** （3.73）	0.428 *** （3.86）
Edu	1.373 *** （7.40）	1.904 *** （10.91）	1.878 *** （5.87）	2.135 *** （5.95）
Rd	−0.381 （−0.17）	4.031 * （1.74）	9.229 * （1.85）	9.883 * （1.75）
Imp	−0.074 （−0.85）	0.189 * （1.88）	−0.144 （−1.29）	−0.040 （−0.35）
Fdi	0.061 *** （4.99）	0.061 *** （5.39）	0.070 *** （3.06）	0.071 *** （3.34）
Fin	0.400 *** （9.87）	0.289 *** （7.75）	0.292 *** （4.96）	0.317 *** （4.84）
$Infra$	0.934 *** （8.59）	0.385 *** （13.72）	0.392 *** （6.64）	0.395 *** （6.27）
$Logis$	0.072 *** （3.35）	0.201 *** （10.16）	0.154 *** （2.91）	0.163 ** （2.56）
常数项	3.588 *** （10.63）	2.440 *** （8.25）	2.605 *** （5.19）	1.931 *** （3.53）
R^2	0.929	0.951	0.947	0.943

注：圆括号内数值为纠正异方差后的 t 统计量，*** 、** 和 * 分别表示在 1% 、5% 和 10% 的水平上显著。

技术创新门槛模型估计结果见表 5.16 列（3）。结果显示，当技术创新能力低于门槛值 6.161 时，市场一体化对出口技术复杂度的影响效应不显著，系数为 0.051；在依次跨越门槛值 6.161 和 9.204 后，市场一体化对出口技术复杂度的促进作用更加显著，其影响系数分别提升至 0.093 和 0.120，且均在 1% 的水平上显著。这说明技术创新能力对市场一体化积极效应的发挥具有重要影响。当地区技术创新能力较低时，市场一体化积极效应的发挥将会受到制约，从而弱化市场一体化对出口技术复杂度的推进作用。随着地区技术创新能力的不断提高，市场一体化对出口技术复杂度提升的积极效应逐步释放。因此，"创新驱动"战略的深入实施，可以有效促进市场一体化对出口技术复杂度提升，从而为中国经济发展动力转换提供决策参考。

技术市场发展门槛模型估计结果见表5.16列（4）。结果显示，在不同技术市场发展水平下，市场一体化对出口技术复杂度的影响具有一定的差异。在技术市场发展水平低于2.675时，市场一体化对出口技术复杂度的影响系数为0.087，当技术市场发展水平跨越2.675的门槛时，市场一体化估计系数进一步提高为0.107，且均在1%的水平上显著。这表明技术市场发展水平的提高，能够增强市场一体化对出口技术复杂度的影响效应。技术市场发展为创新资源优化配置和高效利用提供了平台支持与机制保障，对更好地发挥市场一体化积极效应，促进出口技术复杂度提升具有重要意义。只有在加快市场一体化的同时，不断提升技术市场发展水平，才能充分释放并扩大市场一体化对出口技术复杂度的积极影响。

由此，假设4得到验证。可见，市场一体化的推进以及经济发展水平、技术创新能力和技术市场发展水平的提升是充分发挥市场一体化积极效应，促进出口技术复杂度提升的重要前提和基础。第一，市场一体化水平只有跨越一定门槛才会对出口技术复杂度提升发挥促进作用。虽然东部省份经济发达，并且集聚了丰富的人力资本，拥有较强的技术创新能力和较高的技术市场发展水平，但相对滞后的市场一体化进程，仍然对出口技术复杂度进一步提升和经济高质量发展形成一定的障碍。第二，市场一体化对出口技术复杂度的提升作用还受到经济发展水平、技术创新能力和技术市场发展水平的约束。只有在经济发展、技术创新和技术市场发展达到一定水平时，市场一体化对出口技术复杂度的提升作用才能充分释放。2009—2017年位于市场一体化、经济发展、技术创新及技术市场发展高水平区段的省份数量大大多于2002—2008年，从而对出口技术复杂度发挥了更加积极的促进作用，这进一步解释了 2009 年后国内市场一体化对出口技术复杂度的促进作用显著提高的深层原因。2017 年，仍然有河北、海南 2 个东部省份位于市场一体化低水平区间，贵州、甘肃 2 个西部省份位于经济发展低水平区间，尚未达到市场一体化发挥作用的最低门槛，对市场一体化积极效应的释放形成了一定的阻碍。此外，内蒙古、海南、甘肃、青海、宁夏、新疆 6 个省份未跨入技术创新高水平区间，内蒙古、海南、宁夏、新疆 4 个省份未跨越技术市场发展高水平门槛，不利于市场一体化积极效应的进一步扩大。针对地区发展不平衡的现状，政府必须采取差异化的政策措施，才能充分发挥市场一体化对出口技术复杂度提升的巨大潜力。

5.3.3.3　稳健性检验

依据市场一体化、经济发展、技术创新和技术市场发展的门槛值将样本分组，对分组后各子样本分别进行回归，以检验门槛模型回归结果稳健性。表 5.17 列（1）、列（2）显示了以市场一体化门槛值分组的回归结果。结果显示，当市场一体化水平小于门槛值时（$Integ \leq 4.180$），对出口技术复杂度的影响不显著，而当市场一体化水平大于门槛值时（$Integ > 4.180$），对出口技术复杂度的影响显著为正。由于经济发展高水平区段（$Gdp > 11.442$）和技术创新低水平区段（$Tech \leq 6.161$）样本容量过小，可能导致回归精度降低，本书分别按照经济发展水平门槛值 10.032 以及技术创新能力门槛值 9.204 将样本分成两组进行估计。列（3）、列（4）结果显示，当经济发展水平小于 10.032 时，市场一体化对出口技术复杂度的影响不显著；而当经济发展水平大于 10.032 时，市场一体化的系数为 0.077，并在 5% 的水平上显著，这说明只有当经济发展达到一定的水平时，市场一体化才能对出口技术复杂度提升产生积极的影响。列（5）、列（6）回归结果显示，当技术创新能力小于 9.204 时，市场一体化的系数为 0.072，当技术创新能力大于 9.204 时，市场一体化的系数提升至 0.096，均在 5% 的水平上显著，这说明区域技术创新能力越强，市场一体化对出口技术复杂度提升的影响越显著。列（7）、列（8）回归结果显示，当技术市场发展小于 2.675 时，市场一体化系数为

0.046，而当技术市场发展大于 2.675 时，市场一体化的系数提高至 0.111，并在 1% 的水平上显著，这说明技术市场越发达，市场一体化对出口技术复杂度的积极影响越显著。上述结果与门槛模型回归结果基本一致，进一步证实了前述研究结论，表明实证结果具有良好的稳健性。

表 5.17　　　　　　　　　　　门槛模型稳健性检验

变量	市场一体化		经济发展		技术创新		技术市场发展	
	$Integ \leq 4.180$	$Integ > 4.180$	$Gdp \leq 10.032$	$Gdp > 10.032$	$Tech \leq 9.204$	$Tech > 9.204$	$Tecm \leq 2.675$	$Tecm > 2.675$
	(1)	(2)	(3)	(4)	(5)	(6)	(7)	(8)
$Integ$	-0.017	0.091 *	0.061	0.077 **	0.072 **	0.096 **	0.046	0.111 ***
	(-0.27)	(2.00)	(1.61)	(2.09)	(2.08)	(2.63)	(0.88)	(3.17)
Cap	0.620 ***	0.384 ***	0.728 ***	-0.358 *	0.617 ***	-0.374	0.356 **	0.204
	(3.70)	(3.13)	(4.01)	(-1.87)	(7.92)	(-1.22)	(2.86)	(0.95)
Edu	2.186 ***	1.751 ***	1.469 ***	2.135 ***	1.812 ***	2.109 ***	0.985 ***	2.559 ***
	(4.73)	(5.46)	(5.22)	(6.07)	(8.59)	(6.47)	(2.98)	(6.85)
Rd	8.094 ***	3.720	0.649	9.289	16.882 ***	9.207	14.982 *	11.379
	(3.50)	(0.59)	(0.07)	(1.54)	(3.24)	(1.32)	(1.83)	(1.64)
Imp	0.345	-0.131	0.651	0.071	0.037	-0.146	0.390	-0.031
	(1.11)	(-0.71)	(1.28)	(0.70)	(0.14)	(-1.11)	(1.33)	(-0.25)
Fdi	0.015	0.066 **	0.022	0.132 ***	0.046 ***	0.104 ***	0.061 ***	0.110 ***
	(0.48)	(2.50)	(0.79)	(2.83)	(3.08)	(3.48)	(3.57)	(2.95)
Fin	0.112	0.437 ***	0.227 ***	0.444 ***	0.166 ***	0.484 ***	0.333 ***	0.321 ***
	(1.00)	(5.81)	(2.79)	(5.53)	(3.36)	(4.53)	(5.64)	(3.34)
$Infra$	0.346 ***	0.370 ***	0.304 ***	0.723 ***	0.278 ***	0.474 ***	0.374 ***	0.362 ***
	(3.23)	(6.85)	(4.41)	(2.99)	(8.50)	(4.36)	(11.64)	(4.35)
$Logis$	0.173 **	0.256 ***	0.310 ***	0.043	0.288 ***	0.066 *	0.381 ***	0.096 *
	(2.31)	(3.92)	(5.56)	(1.50)	(10.49)	(1.76)	(9.98)	(1.84)
常数项	2.443 ***	2.097 ***	2.836 ***	2.180 **	2.266 ***	2.541 ***	3.317 ***	1.358 **
	(2.88)	(4.19)	(5.61)	(2.37)	(6.28)	(3.99)	(6.17)	(2.24)
F 检验	20.94	21.11	33.84	32.38	33.84	23.00	39.40	27.04
	[0.000]	[0.000]	[0.007]	[0.000]	[0.000]	[0.000]	[0.000]	[0.000]

变量	市场一体化		经济发展		技术创新		技术市场发展	
	$Integ \leq 4.180$	$Integ > 4.180$	$Gdp \leq 10.032$	$Gdp > 10.032$	$Tech \leq 9.204$	$Tech > 9.204$	$Tecm \leq 2.675$	$Tecm > 2.675$
	(1)	(2)	(3)	(4)	(5)	(6)	(7)	(8)
Hausman 检验	81.17 [0.000]	105.20 [0.000]	135.23 [0.000]	2507.51 [0.000]	35.23 [0.000]	51.17 [0.000]	58.11 [0.000]	80.80 [0.000]
模型选择	FE	FE	FE	FE	FE	FE	FE	FE
R^2	0.931	0.943	0.942	0.927	0.942	0.933	0.963	0.938

注：圆括号内数值为纠正异方差后的 t 统计量，方括号内数值为相应检验的 P 值；***、** 和 * 分别表示在 1%、5% 和 10% 的水平上显著。

5.4　空间溢出效应检验

近年来，随着中国基础设施建设的不断完善和市场一体化水平的提升，各省份之间的"距离"进一步缩短，地区间经济联系日益密切，一个地区很难脱离其他地区而独立发展。因此，各省份出口技术复杂度可能存在空间相关性。由本书第4章空间溢出效应的理论分析可知，市场一体化对出口技术复杂度的影响可能具有空间溢出效应。随着市场一体化水平的提升，出口技术复杂度的"扩散效应"和"极化效应"同时产生。一方面，出口技术复杂度较高的省份可能通过"扩散效应"，带动邻近省份出口技术复杂度提升，从而实现整个国家出口技术复杂度升级；另一方面，高出口技术复杂度省份也可能通过"极化效应"，"掠夺"邻近省份生产资源和创新要素，抑制邻近省份出口技术复杂度提升。新经济地理学把传统经济学中忽视的空间因素引入经济系统，为本书提供了新的研究方法与视角。那么，在考虑空间维度的情况下，市场一体化水平的提高是否仍然推动了出口技术复杂度提升？市场一体化对出口技术复杂度影响的空间溢出效应为正值还是负值，"扩散效应"和"极化效应"二者之中哪种效应居于主导地位？为了解答这些问题，本书进一步选取可以将经济活动空间相关性考虑在内的空间计量模型，实证考察市场一体化对出口技术复杂度影响的空间溢出效应，从而对假设 5 进行验证。

5.4.1 模型设定

5.4.1.1 空间计量模型

空间面板模型主要包括空间自回归模型（SAR）、空间误差模型（SEM）和空间杜宾模型（SDM）三类。

空间自回归模型（SAR）假定一个地区的被解释变量受邻近地区被解释变量的影响，为考察市场一体化对出口技术复杂度影响的空间溢出效应，模型设定如下：

$$Soph_{it} = \alpha_0 + \rho WSoph_{it} + \alpha_1 Integ_{it} + \beta C_{it} + \varepsilon_{it} \qquad (5.7)$$

空间误差模型（SEM）假定不同地区被解释变量之间的空间相关性主要通过模型随机误差项的关联性来体现，模型设定如下：

$$Soph_{it} = \alpha_0 + \alpha_1 Integ_{it} + \beta C_{it} + \varepsilon_{it},$$
$$\varepsilon_{it} = \lambda W\varepsilon_{it} + \mu_{it} \qquad (5.8)$$

空间杜宾模型（SDM）则同时考虑了上述两类空间溢出机制，即假定一个地区的被解释变量同时受到邻近地区被解释变量和解释变量的影响，模型设定如下：

$$Soph_{it} = \alpha_0 + \rho WSoph_{it} + \alpha_1 Integ_{it} + \alpha_2 WInteg_{it} + \beta C_{it} + \beta' W C_{it} + \varepsilon_{it},$$
$$\varepsilon_{it} = \lambda W\varepsilon_{it} + \mu_{it} \qquad (5.9)$$

式（5.7）至式（5.9）中，ρ 和 λ 分别表示空间自回归系数和空间误差系数，W 为空间权重矩阵，ε_{it} 为随机误差项，其他变量同式（5.1）。在三类模型中，SDM 更具综合性和一般性，将其附加一定的限制条件即可简化为 SAR 或 SEM。由于三种空间面板模型假定的空间传导机制并不相同，所揭示的经济含义也有所差别，本书将在基准回归模型（5.1）的基础上分别对 SAR、SEM 和 SDM 进行估计和检验，以获取拟合效果最优的空间计量模型。

5.4.1.2 空间权重矩阵

空间权重矩阵 W 为 $n \times n$ 型对称矩阵，其元素为 $w_{ij}(i, j = 1, 2, \cdots, n)$，表示省份 i 和 j 空间联系的紧密程度。空间权重矩阵 W 一般根据地区间地理空间关联或者经济联系而建立。由于空间邻近省份往往具有相似的区位条件、资源禀赋与产业基础，彼此间存在较强的示范效应与竞争效应，相邻省份出口技术复杂度之间可能存在更为显著的影响。因此，本书选择常用的地理相邻权重矩阵对省份间出口技术复杂度的依赖程度和溢出效应进行分析，同时采用经济地理权重矩阵对模型进行稳健性检验。

1. 地理相邻权重矩阵。

根据各省份在空间上的邻接关系对地理相邻权重矩阵 W 进行赋值，矩阵主对角线上元素为零，非主对角线元素构造原则为：若省份 i 与 j 不相邻，则取值为零，若省份 i 与 j 相邻，则取值为 1。由于海南与其他省份不邻接，本书借鉴多数文献的做法，假定其与广东、广西相邻。

2. 经济地理权重矩阵。

经济地理权重矩阵采用省份间人均生产总值差额作为衡量省份间"经济距离"的指标，经济地理权重矩阵 $W' = W \times E$，其中矩阵 E 主对角线元素为零，非主对角线元素为 $E_{ij} = \dfrac{1}{|\overline{Y_i} - \overline{Y_j}|}(i \neq j)$，$\overline{Y_i}$ 为省份 i 样本期间人均实际生产总值均值。

5.4.2 实证结果与分析

5.4.2.1 中国省域出口技术复杂度的空间格局

在第 3 章本书仅从具体数值上对各省份出口技术复杂度的现状及趋势进行了分析与比较，没有考虑各省份出口技术复杂度的空间关联特征。为了更为直观地了解中国出口技术复杂度的空间分布格局与演变情况，本书基于三分位数将出口技术复杂度分为高出口技术复杂度、中出口技术复杂度、低出口技术复杂度三个区间。

表 5.18　　　　　　　　　　中国出口技术复杂度空间分布

年份		低出口技术复杂度	中出口技术复杂度	高出口技术复杂度
	区间值	[9.028, 9.207]	(9.207, 9.334]	(9.334, 9.461]
2002	省份	河南、山西、青海、甘肃、宁夏、内蒙古、云南、贵州、广西、湖南	吉林、河北、山东、安徽、陕西、湖北、重庆、江西、海南、新疆	黑龙江、辽宁、北京、天津、上海、江苏、浙江、福建、广东、四川

年份		低出口技术复杂度	中出口技术复杂度	高出口技术复杂度
2007	区间值	[9.662, 9.792]	(9.792, 9.905]	(9.905, 10.196]
	省份	山西、青海、甘肃、宁夏、内蒙古、云南、贵州、广西、湖南、海南	吉林、辽宁、河北、山东、河南、陕西、四川、重庆、江西、新疆	黑龙江、北京、天津、上海、江苏、浙江、福建、广东、安徽、湖北
2012	区间值	[10.264, 10.422]	(10.422, 10.460]	(10.460, 10.567]
	省份	青海、甘肃、宁夏、内蒙古、云南、贵州、广西、湖南、江西、新疆	黑龙江、吉林、河北、山东、山西、安徽、陕西、湖北、海南、福建	辽宁、北京、天津、河南、上海、江苏、浙江、广东、四川、重庆
2017	区间值	[10.712, 10.821]	(10.821, 10.848]	(10.848, 10.897]
	省份	吉林、山西、河南、青海、甘肃、宁夏、内蒙古、云南、贵州、广西、海南	辽宁、河北、山东、湖北、湖南、四川、江西、福建、新疆	黑龙江、北京、天津、上海、江苏、浙江、广东、安徽、陕西、重庆

表 5.18 可以看出,随着时间的推移,中国各省份出口技术复杂度不断提升,但呈现出显著的区域差异。出口技术复杂度较高的省份大多位于东部沿海地区,其中北京、天津、江苏、浙江、上海及广东地区始终位于高出口技术复杂度区间。海南虽然属于东部沿海地区,但出口技术复杂度仍位于中低水平区间。出口技术复杂度较低的省份大多位于西部地区,其中青海、甘肃、宁夏、内蒙古、云南、贵州、广西始终位于低出口技术复杂度区间。位于中出口技术复杂度区间的省份主要分布在中部地区。在西部省份中,四川 2002 年和 2012 年均跨入高出口技术复杂度区间,重庆在 2012 年、2017 年跨入高出口技术复杂度区间,陕西也在 2017 年居于高出口技术复杂度区间,而其他西部省份与东部地区出口技术复杂度存在较大差距。随着时间的推移,出口技术复杂度在空间上的集聚程度有所减弱,但总体来看,中国省域出口技术复杂度呈现出由东部沿海向中西部内陆地区梯度递减的格局,并具有明显的区域集聚态势。高出口技术复杂度省份大多与高出口技术复杂度省份相邻,而低出口技术复杂度省份往往与低出口技术复杂度省份相邻,中出口技术复杂度省

份基本居于高、低出口技术复杂度省份之间，这意味着各省份出口技术复杂度可能具有空间相关性，有必要从统计上进行验证。

5.4.2.2　空间相关性检验

度量空间相关性的指标包括莫兰指数（Moran's I）（Moran，1950）、吉尔里指数 C（Geary'C）（Geary，1954）和 Getis – Ord 指数 G（Getis 和 Ord，1992）等，其中最常用的指标为莫兰指数（Moran's I），本书也采用该指数。莫兰指数分为全局莫兰指数（Global Moran's I）和局部莫兰指数（Local Moran's I）。全局莫兰指数用于度量整个研究区域的空间集聚情况，而局部莫兰指数用于考察某区域与邻近区域的空间集聚情况。

1. 全局莫兰指数

全局莫兰指数的计算公式为

$$I = \frac{\sum_{i=1}^{n} \sum_{j=1}^{n} w_{ij}(x_i - \bar{x})(x_j - \bar{x})}{S^2 \sum_{i=1}^{n} \sum_{j=1}^{n} w_{ij}} \tag{5.10}$$

其中，$S^2 = \dfrac{\sum_{i=1}^{n}(x_i - \bar{x})^2}{n}$ 为样本方差，$\bar{x} = \dfrac{\sum_{i=1}^{n} x_i}{n}$，$w_{ij}$ 为空间权重矩阵元素，n 表示地区数量。全局莫兰指数 I 取值范围为 [−1，1]，大于零表示存在正自相关关系，小于零表示存在负自相关关系，数值越大表明空间分布的相关性越强，若数值接近零，则表明空间分布是随机的。

本书首先利用全局莫兰指数对出口技术复杂度变量进行空间相关性检验，结果显示，2002—2017 年，基于地理相邻权重矩阵的中国各省份出口技术复杂度全局莫兰指数全部为正值，且在大多数年份至少在 10% 的水平上显著，表明中国相邻省份出口技术复杂度存在明显的空间正相关关系。2002—2007 年全局莫兰指数呈现上升趋势，并在 2007 年达到峰值 0.389，出口技术复杂度在空间上的集聚呈现出由弱到强的趋势。这可能是因为中国加入 WTO 后，制造业发展迅速，科技创新资源不断向经济发展水平高、区位优势明显的发达地区集中，从而使出口技术复杂度呈现出显著的空间集聚特征。2008 年后全局莫兰指数有所下降，2011—2017 年全局莫兰指数显著低于 2008 年前的水平，说明省份间出口技术复杂度空间相关性有所减弱，在个别年份呈现出随机分布特征。这可能是由于随着改革开放逐步深化，中国制造业整体竞争力不断增强，部分中西部省份出口技术复杂度得到显著提升，区域发展不平衡状况得到一定的改善（见表5.19）。基于经济地理权重矩阵的莫兰指数检验结果与上述结论基本一致。

表5.19 全局莫兰指数估计值

年份	地理相邻权重矩阵			经济地理权重矩阵		
	Moran's I	Z统计量	P值	Moran's I	Z统计量	P值
2002	0.219**	2.089	0.018	0.271**	1.857	0.032
2003	0.250***	2.343	0.010	0.336**	2.258	0.012
2004	0.290***	2.682	0.004	0.428***	2.823	0.002
2005	0.324***	2.965	0.002	0.521***	3.397	0.000
2006	0.387***	3.484	0.000	0.617***	3.982	0.000
2007	0.389***	3.512	0.000	0.595***	3.857	0.000
2008	0.343***	3.135	0.001	0.505***	3.308	0.000
2009	0.357***	3.288	0.001	0.476***	3.168	0.001
2010	0.271***	2.545	0.005	0.306**	2.097	0.018
2011	0.176**	1.769	0.038	0.201*	1.463	0.072
2012	0.124*	1.333	0.091	0.164	1.231	0.109
2013	0.083	0.981	0.163	0.064	0.610	0.271
2014	0.079	0.944	0.173	0.070	0.642	0.260
2015	0.110	1.205	0.114	0.062	0.593	0.277
2016	0.133*	1.390	0.082	0.135*	1.440	0.089
2017	0.189**	1.867	0.031	0.189*	1.376	0.084

注：***、**和*分别表示在1%、5%和10%的水平上显著。

2. 局部莫兰指数

以上结果表明中国各省份出口技术复杂度不服从随机分布，具有空间正相关性。但全局莫兰指数不能具体解释省份之间的空间关联情况。因此，本书进一步采用局部莫兰指数具体分析各省份之间的空间相关性。局部莫兰指数的计算公式为

$$I_i = \frac{(x_i - \bar{x}) \sum_{j=1}^{n} w_{ij}(x_j - \bar{x})}{S^2} \tag{5.11}$$

式（5.11）中各符号含义与式（5.10）相同。局部莫兰指数 I_i 大于零，表示地区 i 的高（低）值被周围的高（低）值包围；I_i 小于零，表示地区 i 的高（低）值被周围的低（高）值包围。

图 5.7 为基于地理相邻权重矩阵绘制的部分年份中国出口技术复杂度局部莫兰指数散点图。可以看出，在 4 个年份中，大部分省份集中于第 Ⅰ、第 Ⅲ 象限，呈现出"高—高""低—低"空间聚集趋势。"高—高"集聚型地区多为东部发达省份，而"低—低"集聚型地区多为西部落后省份。2002 年共 9 个省份位于第 Ⅰ 象限，9 个省份位于第 Ⅲ 象限；2007 年共 8 个省份位于第 Ⅰ 象限，12 个省份位于第 Ⅲ 象限；2012 年共 8 个省份位于第 Ⅰ 象限，9 个省份位于第 Ⅲ 象限；2017 年共 11 个省份位于第 Ⅰ 象限，10 个省份位于第 Ⅲ 象限。这与全局莫兰指数分析所得的结论基本

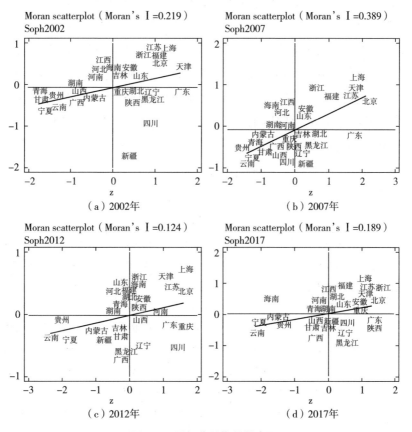

图 5.7　局部莫兰指数散点图

一致，再次证实省份间出口技术复杂度存在正向空间相关性，即出口技术复杂度较高的省份在地理上相互邻近，而出口技术复杂度相对较低的省份在地理上也趋于集中。因此，本书将空间因素纳入模型，进一步考察国内市场一体化对出口技术复杂度影响的空间溢出效应，以验证假设5。

5.4.2.3 空间计量模型结果及分析

1. 空间计量模型估计

为提高回归结果准确性，本书分别对 SAR、SEM 和 SDM 进行估计，并借鉴 Anselin 等（2004）提出的判断标准，依据 Log – likelihood 值、Wald 检验和 LR 检验，选择拟合效果最佳的模型进行分析。表 5.20 列（1）、列（3）、列（5）分别为 SAR、SEM 和 SDM 的固定效应估计结果，列（2）、列（4）、列（6）为随机效应估计结果。根据 Hausman 检验结果，SAR 模型应选择随机效应估计方法，SEM 和 SDM 应选用固定效应估计方法。结果显示，SAR、SEM 和 SDM 的空间系数 ρ 或 λ 均显著为正，表明相邻省份出口技术复杂度存在较强的空间依赖性。从模型拟合效果来看，SDM 与 SAR、SEM 相比，R^2 值最高且 Log – likelihood 值最大，表明 SDM 模型的估计结果最优。

表 5.20　　　　　　　　　空间计量模型回归结果

解释变量	SAR		SEM		SDM	
	（1）	（2）	（3）	（4）	（5）	（6）
Integ	0.030 **	0.025 *	0.032 *	0.019	0.025 **	0.024
	(2.37)	(1.89)	(1.83)	(1.08)	(2.42)	(1.38)
Cap	0.093 ***	0.102 ***	0.113 ***	0.108 ***	0.098 ***	0.108 ***
	(3.20)	(3.55)	(3.80)	(3.53)	(3.23)	(3.49)
Edu	0.275 ***	0.336 ***	0.082	0.220 **	0.035	0.147
	(3.09)	(4.18)	(0.86)	(2.42)	(0.36)	(1.49)
Rd	−0.595	−0.216	−3.281 ***	−1.044	−3.692 ***	−2.747 **
	(−0.56)	(−0.25)	(−2.77)	(−1.03)	(−3.11)	(−2.50)
Imp	0.167 ***	0.187 ***	0.174 ***	0.253 ***	0.133 ***	0.166 ***
	(3.77)	(5.34)	(4.09)	(6.79)	(2.97)	(3.98)

续表

解释变量	SAR		SEM		SDM	
	（1）	（2）	（3）	（4）	（5）	（6）
Fdi	0.008	0.006	−0.006	−0.001	0.011 **	0.006
	（1.41）	（1.15）	（−1.23）	（−0.18）	（2.06）	（1.22）
Fin	0.089 ***	0.081 ***	0.082 ***	0.077 ***	0.114 ***	0.105 ***
	（4.92）	（4.57）	（3.27）	（3.12）	（4.52）	（4.21）
Infra	0.100 ***	0.082 ***	0.123 ***	0.068 ***	0.080 ***	0.088 ***
	（6.77）	（7.17）	（5.61）	（4.57）	（3.59）	（5.25）
Logis	0.030 ***	0.024 ***	0.010	0.017 **	0.017 *	0.014
	（3.27）	（3.06）	（1.06）	（1.99）	（1.77）	（1.51）
常数项		0.325 ***		9.132 ***		0.543 ***
		（2.71）		（39.83）		（2.89）
ρ 或 λ	0.820 ***	0.831 ***	0.968 ***	0.966 ***	0.726 ***	0.761 ***
	（47.23）	（53.54）	（214.63）	（203.66）	（26.48）	（29.01）
W × *Integ*					0.080 **	0.030 *
					（2.40）	（1.74）
W × *Cap*					−0.005	0.026
					（−0.09）	（0.47）
W × *Edu*					0.305 **	0.236 *
					（2.19）	（1.71）
W × *Rd*					4.680 **	4.368 **
					（2.42）	（2.43）
W × *Imp*					−0.044	−0.119
					（−0.52）	（−1.53）
W × *Fdi*					0.074 ***	0.050 ***
					（6.88）	（4.58）
W × *Fin*					0.033	0.005
					（1.00）	（0.14）
W × *Infra*					−0.027	−0.023
					（−0.99）	（−0.95）
W × *Logis*					0.050 ***	0.026
					（2.95）	（1.48）

解释变量	SAR		SEM		SDM	
	(1)	(2)	(3)	(4)	(5)	(6)
Hausman 检验	14. 26 [0.161]		34. 23 [0.000]		93. 62 [0.000]	
R^2	0.971	0.973	0.808	0.836	0.983	0.981
Log – likelihood	659. 70	598. 91	623. 45	556. 99	702. 64	621. 99

注：圆括号内数值为 z 统计量，方括号内数值为 Hausman 检验的 P 值；*** 、** 和 * 分别表示在 1% 、5% 和 10% 的水平上显著。

本书进一步对 SDM 模型进行了 Wald 检验和 LR 检验，检验结果如表5.21 所示。可以看到，Wald 检验及 LR 检验均在 1% 的显著性水平上拒绝了原假设，表明 SDM 不能简化为 SAR 或 SEM，即 SDM 包含的两种空间传导机制对出口技术复杂度的作用不可忽略，选择 SDM 进行分析更为合理。

表 5. 21   Wald 及 LR 检验结果

检验方法	SDM 是否可以简化为 SAR		SDM 是否可以简化为 SEM	
	检验值	P 值	检验值	P 值
Wald 检验	56. 87	0.000	96. 10	0.000
LR 检验	85. 88	0.000	158. 38	0.000

2. 空间溢出效应分解

对于普通面板模型来说，回归系数即表示解释变量的边际效应。而在包含空间滞后项的空间计量模型中，地区解释变量对自身被解释变量和邻近地区被解释变量都可能产生影响。因此，SDM 的回归系数并不能直接反映各解释变量对被解释变量的影响程度。本书遵循 LeSage 和 Pace (2009) 提出的方法，采用偏微分法将 SDM 的总效应分解为直接效应与间接效应。直接效应表示本地区解释变量对自身被解释变量的影响；间接效应又被称为空间溢出效应，表示邻近地区解释变量对本地区被解释变量的影响。总效应则为两者之和，反映了解释变量对所有地区被解释变量的平均影响，估计结果见表 5.22。与表 5.4 列（9）基准回归模型估计系数相比，SDM 模型市场一体化总效应估计系数更大，这说明普通面板模型由于没有考虑空间效应而低估了国内市场一体化对出口技术复杂度的影响。

市场一体化的直接效应和空间溢出效应在10%的水平上显著为正，总效应在5%的水平上显著为正。这说明，在考虑空间关联的情况下，市场一体化水平的提高仍然显著促进了出口技术复杂度提升。市场一体化对出口技术复杂度影响的空间溢出效应显著为正，说明在国内市场一体化进程中，出口技术复杂度的"扩散效应"大于其带来的"极化效应"，"扩散效应"居于主导地位。市场一体化打通了先进地区与落后地区间的市场通道，为省份间的技术扩散和产业转移提供了基本条件。各省份的创新成果通过产品、技术、信息、人才等载体不断扩散到邻近地区，使邻近地区能够快速实现创新赶超，促进其出口技术复杂度的提高。此外，商品和要素的自由流动可以弥补各省份资源要素缺口和产业劣势，在一定程度上为其追赶出口技术复杂高水平地区提供了条件。市场一体化的空间溢出效应在总效应中所占比重达到72.36%，表明市场一体化的空间溢出效应成为驱动出口技术复杂度提升的重要因素。由此，假设5得到验证。

表5.22　　　　SDM模型的直接效应、间接效应和总效应

变量	直接效应 (1)	间接效应 (2)	总效应 (3)
Integ	0.034*	0.089*	0.123**
	(1.93)	(1.71)	(2.20)
Cap	0.117***	0.215	0.332*
	(3.42)	(1.32)	(1.82)
Edu	0.147	1.118***	1.266***
	(1.40)	(2.67)	(2.66)
Rd	−3.152**	6.193	3.041
	(−2.44)	(1.05)	(0.46)
Imp	0.150***	0.177	0.327
	(2.66)	(0.61)	(0.99)

变量	直接效应 (1)	间接效应 (2)	总效应 (3)
Fdi	0.036 ***	0.274 ***	0.310 ***
	(5.52)	(7.33)	(7.43)
Fin	0.150 ***	0.386 ***	0.535 ***
	(5.90)	(4.76)	(6.13)
Infra	0.089 ***	0.108 *	0.197 ***
	(4.24)	(1.77)	(2.95)
Logis	0.036 ***	0.206 ***	0.242 ***
	(3.26)	(3.82)	(3.96)

注：括号内数值为 z 统计量，***、**、* 分别表示在 1%、5% 和 10% 的水平上显著，下同。

与基准回归模型相比，SDM 总效应中各控制变量系数符号与显著性水平也未发生太大变化。物质资本的直接效应和总效应分别在 1% 和 10% 的水平上显著为正，而间接效应不显著，说明物质资本投入主要促进了本地出口技术复杂度提升，而其带来的空间溢出效应较小。人力资本变量的直接效应为正，但不显著，说明人力资本水平的提高对当地出口技术复杂度提升具有正向影响，但其驱动作用还有待提升。人力资本是企业提升技术水平和生产绩效的重要资源，但只有当人力资本积累到一定程度、达到一定层次，并且和其他要素资源紧密配合时，对技术创新的促进作用才能显现（Apergis，2009）。因此，人力资本层次偏低，人力与职位匹配不合理和激励机制不健全等，可能影响了人力资本对当地出口技术复杂度提升的促进作用。人力资本的空间溢出效应及总效应在 1% 的水平上显著为正，说明人力资本具有明显的外部性，可以通过技术扩散对其邻近省份出口技术复杂度产生正向积极的影响，总体上推进中国出口技术复杂度提升。研发投入的直接效应显著为负，间接效应和总效应均为正但不显著，本书认为这仍然与研发激励机制不健全、研发效率偏低有关。进口贸易的直接效应在 1% 的水平上显著为正，而空间溢出效应及总效应不显著。这可能是由于省份间的技术势差，影响了对进口贸易品承载的先进技术和知识的消化、吸收与利用，而对于技术水平相近的省份，进口贸易产生的技术转移空间及创新收益狭小，从而导致进口贸易对邻近省份的溢出效应不显著，在整体上也未对出口技术复杂度升级产生显著的推进作用。外商直接投资、金融发展、物流效率的直接效应、间接效应和总效应均在 1% 的水平上显著为正。基础设施的空间溢出效应在 10% 的水平上显著为正，直接效应和总效应均在 1% 的水平上显著为正。外商直接投资、金融发展、基础设施和物流效率的空间溢出效应在总效应中所占的比重分别达到 88.39%、72.15%、54.82% 和 85.12%，这表明外商直接投资的增加、金融环境的改善、基础设施的完善和物流效率的提升不但促进了当地出口技术复杂度提升，还对邻近省份出口技术复杂度产生了积极显著的影响。

3. 时期异质性分析

样本数据显示，2002—2008 年，国内市场整合程度总体水平较低且波动幅度较大，各省份市场整合指数平均值为 58.85。2009 年后国内市场一体化进程明显加快，并在 2014 年达到历史高点（值为 109），2009—2014 年，市场整合指数平均值达到 76.85。为对比分析市场整合不同阶段出口技术复杂度空间溢出效应的异质性特征，本书将样本分为 2002—2008 年、2009—2014 年两个时期进行估计①，SDM 空间溢出效应分解结果分别见表 5.23 列（1）至列（3）及列（4）至列（6）。

可以看出，在 2002—2008 年市场整合处于相对较低水平时，市场整合对出口技术复杂度影响的直接效应和总效应都在 1% 的水平上显著为正，空间溢出效应为正但不显著，直接效应所占比重为 66.15%。这说明，本阶段市场整合主要对当地出口技术复杂度升级发挥了积极效应，而对邻近省份的空间溢出效应非常微弱。如理论分析部分所述，在市场整合初期，市场机制将驱使优势资源向高出口技术复杂度地区集聚，极

---

① 2014 年后各省份市场整合指数出现下降，可能与新常态下中国经济下行压力普遍加大、地方保护主义有所抬头有关。为观察对比市场整合程度处于低水平和高水平发展阶段时影响效应的差异化特征，本文并未将 2009 年后市场整合指数处于下降状态的年份（即 2015—2017 年）纳入模型。

化效应一般居于主导地位，从而导致高出口技术复杂度地区对邻近地区的正向溢出效应不显著。在2009—2014年，市场整合对出口技术复杂度影响的直接效应在10%的水平上显著为正，其空间溢出效应和总效应均在1%的水平上显著为正，空间溢出效应所占比重达到88.25%。直接效应系数由0.129降至0.037，而间接效应系数由0.067提高至0.278。这说明，在市场整合处于较高水平时期，市场整合对当地出口技术复杂度的推进作用有所减弱，而对邻近省份出口技术复杂度的空间溢出效应大幅增加，扩散效应开始居于主导地位，且对出口技术复杂度升级起到更加突出的推进作用。这与前文理论分析一致。

表 5.23 SDM 模型时期异质性分析

变量	2002—2008 年			2009—2014 年		
	直接效应 (1)	间接效应 (2)	总效应 (3)	直接效应 (4)	间接效应 (5)	总效应 (6)
Integ	0.129 *** (4.19)	0.067 (1.05)	0.196 *** (2.91)	0.037 * (1.80)	0.278 *** (2.68)	0.315 *** (2.74)
Cap	0.253 *** (3.01)	0.195 (0.67)	0.448 (1.38)	0.047 (0.53)	−0.793 ** (−2.04)	−0.746 (−1.63)
Edu	0.181 (1.07)	1.880 *** (2.88)	2.061 *** (2.72)	0.290 (1.23)	0.957 (0.84)	1.247 (0.93)
Rd	8.479 ** (2.28)	29.971 *** (2.83)	38.450 *** (3.06)	−1.574 (−1.53)	2.093 (0.56)	0.519 (0.12)
Imp	0.223 ** (2.15)	0.308 (0.82)	0.531 (1.26)	−0.166 (−0.84)	−1.088 (−1.23)	−1.254 (−1.22)
Fdi	0.013 (0.71)	0.088 (1.20)	0.101 (1.16)	0.083 *** (3.67)	0.249 ** (1.99)	0.332 ** (2.32)
Fin	0.045 (−0.62)	0.695 *** (3.77)	0.740 *** (3.76)	0.143 (1.45)	−0.782 (−1.54)	−0.639 (−1.15)
Infra	0.046 * (1.65)	−0.033 (−0.45)	0.013 (0.18)	0.388 *** (2.75)	2.543 *** (3.57)	2.931 *** (3.65)
Logis	0.000 (0.01)	0.308 *** (4.08)	0.308 *** (3.68)	0.038 ** (2.43)	0.080 (1.20)	0.118 (1.56)

5.4.2.4　稳健性检验

由于相邻省份在经济上的相互关系并不完全相同，经济发展水平相近的省份之间往往存在更强的空间相关性。因此，本书采用将区域经济差距考虑在内的经济地理权重矩阵 W' 重新进行空间计量估计，以检验回归结果的稳健性。表 5.24 列（1）、列（2）及列（3）至列（5）分别报告了经济地理权重矩阵下 SDM 的估计结果及空间效应测算结果。可以看出，核心解释变量市场一体化及各控制变量估计系数符号及显著性水平没有发生实质性变化，这表明研究结果是稳健可靠的。从 R^2 值与 Log – likelihood 值来看，原模型拟合效果较优，估计结果更为准确。

表 5.24　　　　　　　　　空间计量模型稳健性检验

解释变量	主效应 (1)	空间滞后 (2)	直接效应 (3)	间接效应 (4)	总效应 (5)
Integ	0.019 *	0.060 *	0.037 *	0.088 *	0.125 *
	(1.91)	(1.72)	(1.90)	(1.94)	(1.84)
Cap	0.119 ***	0.036	0.175 ***	0.365 ***	0.540 ***
	(3.73)	(0.83)	(4.39)	(2.95)	(3.54)
Edu	0.207 **	0.430 ***	0.498 ***	1.784 ***	2.282 ***
	(2.10)	(3.28)	(4.32)	(5.08)	(5.32)
Rd	−0.044	0.733	0.222	1.806	2.028
	(−0.04)	(0.55)	(0.15)	(0.45)	(0.40)
Imp	0.035	−0.046	0.025	−0.061	−0.036
	(0.72)	(−0.79)	(0.39)	(−0.32)	(−0.15)
Fdi	0.009 *	0.060 ***	0.042 ***	0.203 ***	0.244 ***
	(1.70)	(6.92)	(5.45)	(7.44)	(7.36)
Fin	0.095 ***	0.021	0.139 ***	0.274 ***	0.413 ***
	(3.83)	(0.69)	(5.35)	(3.88)	(5.05)
Infra	0.117 ***	−0.033	0.141 ***	0.161 ***	0.302 ***
	(5.21)	(−1.27)	(6.39)	(2.92)	(4.68)
Logis	0.012	0.019	0.026 **	0.083 **	0.109 **
	(1.14)	(1.50)	(1.96)	(2.10)	(2.21)

解释变量	主效应 (1)	空间滞后 (2)	直接效应 (3)	间接效应 (4)	总效应 (5)
ρ	0.717*** (30.77)				
Hausman 检验	57.57 [0.000]				
R^2	0.973				
Log L	659.08				

5.5 本章小结

本章在第 3 章指标测算及第 4 章影响机制分析的基础上,利用中国 2002—2017 年 30 个省份(西藏除外)的面板数据,建立相应的计量模型,对国内市场一体化对出口技术复杂度的影响进行了全面、系统、多角度的实证检验与深入分析,对第 4 章提出的各项研究假设进行了验证。

首先,建立基准回归模型,实证检验了国内市场一体化对出口技术复杂度的总体影响,以及影响效应的行业、区域和时期异质性。研究结果表明,中国国内市场一体化水平的提高显著促进了出口技术复杂度的提升,并且随着时间的推移,这种促进作用逐渐增强。市场一体化对出口技术复杂度的影响存在行业、区域及时期异质性。市场一体化水平的提高对技术密集型行业出口技术复杂度的提升作用最为突出,对资本密集型行业的影响次之,对劳动密集型行业的影响最小;中部及西部地区市场一体化对出口技术复杂度提升存在显著积极的影响,而东部地区市场一体化对出口技术复杂度的提升作用并不显著,这与相关文献结论一致,主要原因可能在于东部地区市场一体化进程相对滞后,出口技术复杂度提升更多依赖于人力、研发资本优势以及进口贸易和外商直接投资等国际技术溢出渠道;2009 年后国内市场一体化对出口技术复杂度的促进作用显著提高,说明在国际市场需求持续低迷和全球经贸风险及不确定性加剧的背景下,国内市场一体化对出口技术复杂度提升发挥了更为积极重要的作用。在进一步考虑模型内生性问题、替换度量指标及剔除异常样本后，结论仍然稳健。

其次，在基准回归模型基础上建立中介效应模型，对市场一体化影响出口技术复杂度的传导机制进行了实证考察，测算并比较分析了各类传导机制中介效应的大小。中介效应检验结果表明，市场一体化可以通过成本节约效应、需求驱动效应、技术创新效应、制度改进效应等机制促进出口技术复杂度提升。成本节约效应、需求驱动效应、技术创新效应和制度改进效应在总效应中所占比重依次为 6.54%、18.69%、40.19% 和 29.90%，这表明市场一体化通过推进技术创新进而促进出口技术复杂度提升的机制最为有效，制度改进和需求驱动的中介效应次之，成本节约的中介效应较为微弱。

再次，在基准回归模型基础上采用面板门槛模型，细致考察与分析了国内市场一体化对出口技术复杂度的提升效应的约束机制，更为精细地刻画出二者之间复杂的非线性关系。研究发现，市场一体化对出口技术复杂度的影响具有门槛效应，呈现出边际效率递增的非线性特征。市场一体化水平只有跨越一定门槛后才会对出口技术复杂度提升发挥积极的作用。同时，市场一体化对出口技术复杂度的提升作用还受到经济发展、技术创新和技术市场发展等条件的约束。只有在经济发展、技术创新和技术市场发展跨越一定门槛值时，市场一体化对出口技术复杂度的提升作用才能充分释放，并且随着经济发展、技术创新和技术市场发展水平的提高，这种促进作用将越来越强。虽然东部省份经济发达，并且集聚了丰富的人力资本，拥有较强的技术创新能力和技术市场发展水平，但相对滞后的市场一体化进程，仍然对出口技术复杂度进一步提升形成了一定的障碍。2017 年，贵州、甘肃两省仍位于经济发展低水平区间，海南及部分西部省份还未跨入技术创新及技术市场发展高水平区间，影响了市场一体化积极效应的释放与扩大。依据门槛值将样本分组进行回归，所得结果与门槛模型回归结果基本一致，表明实证结果具有良好的稳健性。

最后，进一步选取将经济活动空间相关性考虑在内的空间计量模型，实证检验和分析了国内市场一体化对出口技术复杂度的影响的空间溢出效应。总体来看，中国省域出口技术复杂度呈现出由东部沿海向中西部内陆地区梯度递减的分布格局，并具有明显的区域集聚态势。全局莫兰指数与局部莫兰指数分析均证实中国各省份间出口技术复杂度存在显著的空间正相关性。为提高回归结果准确性，本书基于地理相邻矩阵分别对 SAR、SEM 和 SDM 三个模型进行了估计，Log – likelihood 值、Wald 检验和 LR 检验表明，SDM 估计结果最优。SDM 的直接效应、间接效应和总效应估计结果表明，市场一体化对出口技术复杂度的影响具有显著的正向空间溢出效应，表明市场一体化对出口技术复杂度影响的"扩散效应"大于其带来的"极化效应"。市场一体化的空间溢出效应在总效应中所占比重达到 72.36%，成为驱动出口技术复杂度提升的重要因素。时期异质性分析表明，在市场整合处于较高水平时期，市场整合对当地出口技术复杂度的推进作用有所减弱，而对邻近省份出口技术复杂度的空间溢出效应大幅增加，"扩散效应"开始居于主导地位，且对出口技术复杂度升级起到更加突出的推进作用。采用将区域经济差距考虑在内的经济地理权重矩阵重新进行空间计量估计，所得结果与上述结论基本一致，验证了模型回归结果的稳健性。

第6章 结论、政策启示与研究展望

本章对全书研究成果进行概括和总结。具体结构安排如下：6.1 节归纳总结本书主要研究结论；6.2 节根据研究结论提出相应的政策建议；6.3 节对研究过程中存在的不足及有待进一步研究的方向作出分析论述。

6.1 主要结论

随着国内外形势的深刻变化，中国对外贸易以量取胜、以廉取胜的发展模式已不可持续。如何进一步提升出口技术复杂度，使对外贸易由数量扩张向质量提升与结构优化转变，成为当前对外贸易领域的研究热点。统一强大的国内市场不仅是国际经济博弈的重要筹码，而且是一国经济良性循环的重要基石。中国拥有世界四分之一的人口，拥有庞大的国内市场和消费潜力，这是任何经济体都无可比拟的巨大优势。然而，内需的扩大以及规模经济的形成都依赖于高度统一的国内大市场，国内市场一体化是中国大国经济优势发挥作用的前提条件。基于此，本书试图从中国大国经济的优势出发，探索国内市场一体化对出口技术复杂度影响的"黑箱"，在对国内外相关研究成果进行综述与总结的基础上，对出口技术复杂度及国内市场一体化水平进行更为准确的测算，系统阐释了国内市场一体化对出口技术复杂度的影响机制，并利用中国 2002—2017 年 30 个省份（西藏除外）的面板数据，构建相应计量模型实证检验了国内市场一体化对出口技术复杂度的总体影响，行业、区域及时期异质性影响，以及国内市场一体化对出口技术复杂度影响的传导机制、门槛效应和空间溢出效应。研究证实，加快国内市场一体化，依托广阔的国内市场提升出口技术复杂度，是构建国际市场竞争优势，推进中国外贸转型发展的可行路径。主要研究结论如下。

第一，现状分析表明，（1）2002—2017 年中国各行业及省份出口技术复杂度均呈逐年上升趋势。在行业层面，多数技术密集型行业出口技术复杂度处于较高水平，但增长速度有待进一步提升。资本密集型行业出口技术复杂度提升速度最快，多数劳动密集型行业出口技术复杂度较低，且增长缓慢。国际金融危机后，除专用设备制造业及烟草制品业外，其他行业出口技术复杂度增长速度均出现下滑，其中计算机、通信电子设备及仪器仪表制造业降幅最大。这说明中国计算机、通信电子设备等高技术产业缺乏核心竞争力，抗风险能力和成长性较差，更易受到外部需求变化的冲击，劳动密集型行业传统比较优势正在逐渐减弱，市场份额不断下降。在省份层面，东部发达省份出口技术复杂度处于较高水平，但增长速度相对缓慢，向更高水平迈进难度加大。西部地区出口技术复杂度最低，但增长迅速。国际金融危机后，全部省份出口技术复杂度增长速度均出现不同程度下滑，其中北京、上海、广东和江苏等东部省份降幅最大，说明中国东部地区对外依存度较高，出口产品附加值相对较低，抵御外部风险能力较差。近年来，发挥"领头羊"作用的省份有所减少，且仍有少数省份出口技术复杂度处于低水平。（2）2002—2017 年，国内市场一体化水平虽然在个别年份出现较大波动，但总体呈不断上升趋势。东部、中部、西部三大区域及各省份与全国总体市场一体化水平及变动趋势基本相同。从区域平均值来看，市场一体化水平最高的为中部地区，其次为东部地区和西部地区，这与现有的相关文献结论一致。面板单位根检验显示，国内市场一体化趋势是有规律的收敛过程，关于国内市场一体化水平日趋提升的结论是稳健可靠的。（3）2002—2017 年中国出口技术复杂度和国内市场一体化水平变化趋势总体一致，二者之间具有一定的内在联系，并表现出正向关联特征。

第二，在理论分析方面，（1）基于 Melitz（2003）的企业异质性贸易理论，构建了数理模型，阐释了国内市场一体化影响出口技术复杂度的微观机制，模型推导结果表明，国内市场一体化对企业出口深度和广度具有正向影响，并且企业产品技术复杂度越高，市场一体化对其出口深度和广度影响越大。因此，国内市场一体化可以促进高出口技术复杂度企业增加出口，从而促进出口技术复杂度的整体提升。由于中国各行业要素密集度存在差异，区域经济发展具有非均衡性，以及国际金融危机后国际贸易环境和国内经济形势发生了较大变化，市场一体化对出口技术复杂度的影响可能存在行业、区域及时期异质性。（2）基于经济学、国际贸易学和新制度经济学等学科理论知识对国内市场一体化影响出口技术复杂度的传导机制进行了理论分析，分析认为市场一体化可以通过成本节约效应、需求驱动效应、技术创新效应和制度改进效应等传导机制促进出口技术复杂度提升。（3）基于门槛效应的理论分析表明，国内市场一体化对出口技术复杂度的提升作用受到市场一体化、经济发展、技术创新和技术市场发展等条件的约束，只有当市场一体化、经济发展、技术创新和技术市场发展达到一定水平时，市场一体化对出口技术复杂度提升的积极效应才能充分释放。（4）基于新经济地理学的基本理论分析了国内市场一体化影响出口技术复杂度的空间溢出效应，分析认为随着市场一体化水平的提升，出口技术复杂度的"扩散效应"和"极化效应"同时产生，空间溢出效应的正负取决于何种效应居于主导地位。

第三，实证结果表明，（1）中国国内市场一体化显著且稳健地促进了出口技术复杂度提升。市场一体化对技术密集型行业出口技术复杂度的提升作用最为突出，对资本密集型行业的影响次之，对劳动密集型行业的影响最小。中部及西部地区市场一体化对出口技术复杂度存在显著的积极影响，而东部地区市场一体化对出口技术复杂度的提升作用不显著。国际金融危机后国内市场一体化对出口技术复杂度的促进作用显著提高，说明在国际市场需求持续低迷和全球经贸风险及不确定性加剧的背景下，国内市场一体化对出口技术复杂度的提升发挥了更为积极重要的作用。（2）市场一体化可以通过成本节约效应、需求驱动效应、技术创新效应和制度改进效应等传导机制促进出口技术复杂度提升，四类中介效应在总效应中所占比重依次为 6.54%、18.69%、40.19% 和29.90%，表明市场一体化通过推进技术创新进而促进出口技术复杂度提升的机制最为有效，制度改进和需求驱动的中介效应次之，成本节约的中介效应最小。（3）市场一体化对出口技术复杂度的影响具有门槛，效应和非线性特征，市场一体化水平只有跨越一定门槛，才会对出口技术复杂度提升发挥积极的作用。同时，市场一体化对出口技术复杂度的提升作用还受到经济发展、技术创新和技术市场发展的约束。只有当经济发展、技术创新和技术市场发展达到一定门槛值时，市场一体化对出口技术复杂度的积极效应才能充分释放，并且随着经济发展水平、技术创新能力和技术市场发展水平的提高，这种促进作用将越来越强。（4）市场一体化对出口技术复杂度的影响具有显著的正向空间溢出效应，表明市场一体化对出口技术复杂度影响的"扩散效应"大于其带来的"极化效应"。市场一体化的空间溢出效应在总效应中所占比重达到 72.36%，成为驱动出口技术复杂度提升的重要因素。

6.2　政策启示

上述研究结论对中国推进国内统一大市场建设，充分释放大国优势与潜力，促进国内国际双循环，实现贸易强国目标和经济高质量发展具有重要的政策启示。

6.2.1　充分发挥市场一体化对出口技术复杂度的提升效应

随着中国劳动力成本持续上升，资源、能源、环境约束加剧，支撑对外贸易快速发展的传统竞争优势逐步弱化，粗放型贸易增长模式已难以为继。同时，全球经济增速放缓，国际环境不稳定不确定性提升，以美国为首的发达国家"逆全球化"浪潮不断高涨，对外拓展空间难度增加。面对严峻的内外部形势，加快国内市场一体化，依托广阔的国内市场提升出口技术复杂度，成为构建国际市场竞争优势，推进中国外贸转型发展的可行路径。然而，实证分析显示，东部及西部地区市场一体化进程仍然相对滞后，尤其是东部地区出口技术复杂度提升更依赖国际市场和国际资源，市场一体化还未发挥显著的促进作用。在全球贸易局势日益紧张和西方技术封锁更加严重的背景下，这种发展模式将面临极大的风险和约束。2008 年国际金融危机对东部地区及技术密集型行业出口贸易的冲击已充分暴露这一弊端。因此，中国各省份，尤其是长期以外向型经济为主导的东部沿海省份，必须逐步减少对国际市场和资源的依赖，改变出口导向战略下的国际代工模式，将新一轮经济全球化与国内市场一体化有效结合，在扩大对外开放的同时，进一步深化对内开放，破除地区封锁、利益藩篱和政策壁垒，加快推进全国统一大市场的形成，充分发挥大国经济的先天优势和巨大潜力，由内及外助推出口技术复杂度提升，使产业形成长期稳定的国际竞争力。也唯有背靠国内大市场，才能突破西方发达国家对中国高新技术产业的干预与围堵，实现经济转型与高质量发展。

改革开放以来，随着经济的快速发展、社会主义市场经济体制的建立、现代市场体系的形成以及一系列相关法律法规的颁布实施，中国在打破地区封锁，推进国内统一市场建设方面取得了显著成效，商品和要素跨区域流动障碍不断消除。但毋庸讳言，区域市场壁垒和地方保护仍然存在，且表现形式更为隐蔽、多样。现有研究表明，自然地理障碍、政府过度干预和区域市场垄断是形成一国内部经济边界、阻碍市场一体化进程的重要因素（国务院发展研究中心课题组，2005；陈敏等，2008；范欣，2017）。首先，地区间地理距离越远，运输成本越高，交易费用越大，从而增加地区间贸易成本，造成市场割裂。若地区间被群山或河流阻隔，且跨越此障碍成本过高，也会影响地区间的市场融合。在此情况下，即使政府不以强制性手段分割市场，商品及要素流动仍然会受到空间距离这一天然屏障的限制。其次，无论是在发达国家，还是在发展中国家，若地方政府被赋予发展经济、促进就业增长的责任，在制度不健全的情况下，地方政府势必采取各种手段保护本地市场，从而阻碍市场一体化进程。最后，如果某一企业在区域市场取得完全垄断地位，那么它就有可能也有能力采取措施阻止外地产品进入本地市场，进而影响区域间要素资源的自由流动。

由此，可以得到促进国内市场一体化的两条有效途径。一是加强交通运输基础设施建设，深化交通运输管理体制改革，降低区域间贸易成本，提高市场交易效率，减少自然地理因素对市场一体化造成的障碍。中国作为幅员辽阔的大国，不同区域条件差异较大，现有交通运输基础设施建设及管理水平尚未完全满足市场一体化的需要。现阶段，必须通过大规模投入，合理布局交通运输网络，加快高速公路、铁路建设。同时要完善交通运输管理体制，解决高速公路通行费用偏高、"超龄收费""违规设卡"等诸多问题，不断提高整体交通运输效率，提升区域间交通便捷程度，为商品和要素跨区流动创造便利的基础条件。尤其要加快补齐西部欠发达地区、山区交通运输及通信网络基础设施建设短板，有效降低区域贸易流通成本。二是加快政府职能转变，优化制度设计，减少政府过度干预及区域市场垄断因素对市场一体化造成的障碍。政府对经济的适度干预有助于维护市场秩序，保障公共服务供给，促进市场一体化的形成（陈甫军和丛子薇，2017）。而过度干预则会扰乱市场秩序，造成市场价格扭曲，不利于商品、要素自由流动和跨区域资源配置效率的提高。因此，国内市场一体化的重点在于正确处理政府与市场之间的关系。一方面，要合理划分中央与地方财政事权与支出责任，完善地方政府绩效考核机制，加速推进政府机构改革和职能转变，加大简政放权力度，弱化地方政府过度干预经济的政治动机，充分发挥市场在资源配置中的决定性作用；另一方面，政府要加强对市场的有效监管，清理废除影响形成统一市场的限制性规定，加快放开垄断行业竞争性环节，加强反垄断和反不正当竞争执法，推动公平竞争审查制度有效实施，消除垄断企业滥用市场支配地位限制市场竞争的行为。

6.2.2 疏通市场一体化影响出口技术复杂度的传导机制

第一，提升市场一体化影响出口技术复杂度的成本节约效应。研究结果表明，成本节约的中介效应仍然较为微弱。因此，政府要继续深化国内市场一体化改革进程，进一步消除跨区域销售商品、提供服务、发展产业的制度障碍以及各种隐性贸易壁垒，减少市场准入审批环节和流程，取消不必要的行政审批和干预，加快建设全流程、一体化政务服务在线平台，提高市场准入审批效率，构建不同区域行政服务的"绿色通道"，减少产业资源跨区域交易的成本与风险，为企业开拓市场创造便利条件。同时，继续深化税费制度改革，加大减税降费力度，尤其是降低能源资源及商业性收费标准，降低企业运营成本。深入推进金融供给侧结构性改革，拓宽直接和间接融资渠道，有效运用财税、金融、汇率等政策工具，引导资本流向制造业，减轻企业利息负担，降低企业融资成本，提高企业盈利能力，使企业可以将精力聚焦于产品生产和研发，提升产品技术含量和附加值。

第二，扩大市场一体化影响出口技术复杂度的需求驱动效应。市场一体化推进的需求驱动效应是出口技术复杂度提升的重要动力。因此，政府要加快推进全国统一市场建设，消除行业垄断和市场准入限制，实现资源要素自由流动和高效配置，破除阻碍消费升级和产业升级的体制机制障碍。在消费需求驱动上，要提升商品市场自由竞争程度，改善优化消费环境，规范消费市场秩序，全面深化供给侧结构性改革，引导企业围绕消费市场变化趋势进行投资和生产，实现消费者自由消费、自主消费和安全消费，大力培育新兴消费，充分释放居民消费潜力，开拓和升级国内消费市场，驱动出口技术复杂度提升；在中间品需求驱动上，要提升要素市场自由竞争程度，推进国内中间品生产行业供给侧结构性改革，提高上游中间品供给体系质量和效率，推动制造业由粗放经营转向精细生产，实现制造业生产能力整体跃升，推进出口技术复杂度提升。

第三，增强市场一体化影响出口技术复杂度的技术创新效应。市场一体化推进的技术创新是出口技术复杂度提升的"第一动力"。一是要充分发挥市场在配置科技创新资源中的决定性作用，进一步打破各地区对科技资源和人才流动设置的重重障碍，建立区域间科技资源共享机制和管理平台，为科技资源的自由流动和创新主体的合作与竞争创造良好的制度环境和发展条件。二是推进产学研、产业上下游、大中小企业之间协同创新，加大企业、产业及地区间知识和技术溢出，使落后企业可以通过学习、模仿，在"干中学"过程中吸收先进企业技术和经验，实现产业技术进步与创新。三是强化企业技术创新的主体地位，根据地方产业特色优势营造"求新求异"的创新竞争环境，激发企业创新意识和危机意识，有效引导社会资源流向科技成果转化项目，支持企业建立技术研发机构，牵头实施产业目标明确的重大科技项目，强化企业技术吸收能力，使企业逐步实现由引进型向引进消化型、自主创新型转变，提高科技资源投入产出效率，推进出口技术复杂度升级。

第四，增强市场一体化影响出口技术复杂度的制度改进效应。一是改革地方官员绩效考核制度，将区域合作纳入"标尺竞争"评价体系，进一步明晰政府与市场的边界，减少政府直接行政干预市场和企业经营的行为，使各类市场主体依法平等使用生产要素，公开、公平、公正地参与市场竞争，享受同等政策优惠和法律保护。二是深化国有企业改革，消除地方政府对"僵尸"企业的财政"输血"和不当补贴，推动国有企业以开放融合的机制公平参与市场竞争，提高国有资本配置和运行效率；鼓励国有企业持续加大研发投入，突破和掌握关键核心技术，打造国际知名高端品牌，增强国有企业国际竞争力和抗风险能力。三是大力支持民营经济发展，清除制约民营经济发展的各种歧视性规定和隐性障碍，为民营企业打造公平的竞争环境，创造充足市场空间，强化民营企业在融资、技术、用地、用能等方面的要素保障和服务，充分激发市场活力和创造力，实现民营经济高质量发展。

6.2.3 突破市场一体化影响出口技术复杂度的约束条件

市场一体化的推进以及经济发展水平、技术创新能力和技术市场发展水平的提升是充分释放和扩大市场一体化积极效应、促进出口技术复杂度提升的重要前提和基础。因此，在加快推进市场一体化的同时，要注重各地经济发展水平、技术创新能力和技术市场发展水平的提升。

第一，在加快东部、中部地区经济发展的同时，要加大对经济欠发达地区，特别是西部地区的政策扶持和财政转移支付力度，突破制约西部地区经济发展的瓶颈，提升西部地区产业核心竞争力。积极发挥共建"一带一路"的引领带动作用，支持西部地区建立自由贸易试验区、国家级新区和开发开放型经济试点，提高西部地区对外开放和外向型经济发展水平，放大西部地区资源丰富、要素成本低、市场潜力大的比较优势，为西部地区经济持续稳定发展奠定坚实的基础，使西部地区经济发展尽快跨入中高水平门槛，充分释放市场一体化促进出口技术复杂度提升的潜力。

第二，深入实施创新驱动发展战略，完善科技创新体制机制，明晰高校、科研院所、企业、研发机构等创新主体的功能定位，形成以市场为导向、以企业为主体，政产学研用深度融合的技术创新体系。高端人才和创新型企业家长期匮乏是中西部地区创新发展的短板，要进一步优化人才队伍结构，制定吸引高端人才的优惠政策，培育科技领军人才和创新型企业家，进一步增强企业研发创新能力，提升科技创新成果与企业"二次创新"对接效率。各地区要结合自身创新基础和产业特征，将创新资源集中于优势领域和重要的创新领域，规避低水平重复研究。加强知识产权保护和运用，形成有效的创新激励机制，激发各类创新主体的积极性和创新潜能，有效提升各省份技术创新能力，更好地发挥市场一体化对出口技术复杂度的促进作用。

第三，优化技术市场发展环境，完善技术市场服务体系和法律政策体系，打通科技成果向现实生产力的转化渠道，加快形成以专业化服务为支撑、政策为保障的现代技术市场。充分利用"互联网＋"等现代信息技术手段，促进技术市场、资本市场和人才市场衔接与融合，形成全国技术市场服务网络，提升创新资源流通速度和配置效率。经济欠发达地区要尤其注重技术市场发展对出口技术复杂度的促进作用，要通过实施税收抵免和信贷扶持等方式，推动科技创新主体积极参与技术市场交易，实现从"科技资源小省"向"技术市场大省"转变。同时，借鉴发达国家经验，健全技术市场监督管理体系，建立完善的技术评估机制，培育技术评估中介机构，降低技术市场交易成本和风险，提升市场一体化对出口技术复杂度影响的积极效应。

需要强调的是，只有较高的市场一体化水平与适度的经济发展水平、技术创新能力和技术市场发展水平相结合才能促进出口技术复杂度提升。因此，政府要结合区域特征，采取差异化的政策措施，发挥优势，补齐短板。既要提高经济发展水平、技术创新能力和技术市场发展水平，又要破除地区封锁、利益藩篱和政策壁垒，不断推进市场一体化进程，如此才能提升企业生产效率，构建国际市场竞争优势。

6.2.4　扩大市场一体化影响出口技术复杂度的正向空间溢出效应

统一开放的市场是增强高出口技术复杂度地区"扩散效应"的基础，各省份要充分认识到出口技术复杂度提升的空间关联特征以及市场一体化对出口技术复杂度影响的正向空间溢出效应，从经济整体发展着眼，打破行政区划界限，超越局部短期利益，使"以邻为壑"转向"以邻为友"，在推进国内市场一体化、清除资源要素流动壁垒和企业生产经营空间拓展障碍的基础上，加强区域产业联动，深化区域交流合作，进一步扩大市场一体化影响出口技术复杂度的正向空间溢出效应，推进中国出口技术复杂度的整体跃升。

第一，延伸和大力发展国内价值链，推进区域间产业联动和经济融合。高出口技术复杂度地区主要通过产业间的扩散和吸纳效应带动周边地区发展，因此，区域产业关联程度将影响扩散效应的实现。建立、延伸和大力发展国内价值链，带动关联产业发展，是放大高出口技术复杂度地区扩散效应、推进制造业整体转型升级的重要途径。一是继续深化"一带一路""长江经济带"等贯穿南北、横跨东西的轴带式发展规划，塑造有利于培育国内价值链的经济地理格局。二是充分利用区域与产业异质性特征，因地制宜推进制造业价值链升级。东部地区主要从事研发、设计和销售，占据国内价值链乃至全球价值链的高端环节；中部地区应不断增强生产制造能力，积极承接新兴产业布局和转移，重点发展中间价值环节；西部地区应大力提升初级产品加工能力，成为国内价值链能源资源及初级产品来源地。更加科学有序地引导产业由东向西梯度转移，逐步形成合理的国内价值链分工格局和独立完整的国内经济循环体系。三是加快淘汰落后产能，做大做强本土优质企业，提高企业跨区域运营能力和空间资源整合集成能力，为国内价值链分工的推进培育微观主体。四是统筹传统和新型基础设施发展，构建现代化基础设施体系，大力发展现代物流业，提升对外联系通达度。不断完善社会信用体系，提高政府管理效率，降低企业运行的交易成本，为国内价值链分工的深入开展创造良好的基础条件和市场环境。

第二，加强区域科技交流与合作，构筑开放共享、合作共赢的区域发展格局。一是建立健全区域合作法律法规制度体系，加强深化区域合作的法治建设，用法律手段来规范和引导区域合作行为。成立区域合作协调机构，完善区域合作与协商机制，妥善解决区域合作规划、监督及资金分配等问题。建立健全区域利益协调和补偿机制，实现地方经济利益的再分配，在平等、互利、协作的基础上促进各地区共同进步，从根本上缩小地区发展差距，有效缓解区域经济的"马太效应"，提高跨区域合作的稳定性和长效性。二是加强区域科技合作与协同创新，加大对跨省协同创新项目的财政支持力度，推动高校、科研院所、企业、研发机构等创新主体跨区域开展产学研合作，共建科技创新中心，实现互利共赢发展。充分发挥东部发达地区技术、人才等资源优势，鼓励东部省份与西部省份合作创新，对西部地区进行对口科技援助，扩大东部地区的辐射带动作用和知识溢出效应，形成以强带弱、强弱衔接的空间协同格局，提升国家整体技术创新能力。结合受援地区产业资源优势，加大国家重大科技工程、科研基础设施、研发力量的布局，增强受援地区自我发展能力，推动单向支援向互利合作转变。三是拓展区域科技创新合作平台，顺应"互联网＋"发展趋势，依托现代信息技术手段搭建区域合作网络平台，实现区域创新创业、项目成果、人才交流等信息的开放共享，打造以大数据平台为支撑的创新应用共同体。充分发挥国家和省际重大经贸投资洽谈会、论坛、博览会等会展平台的作用，搭建区域合作和项目推介网络，加快科技创新成果向落后地区扩散，增强创新主体之间的互动交流和对接合作，推动区域合作创新及创新资源优化配置。

6.3 研究展望

本书深刻揭示了国内市场一体化对出口技术复杂度的影响效应与机制，丰富和发展了对出口技术复杂度影响因素及作用机制的理论与经验研究，为中国推进统一市场体系建设、充分发挥中国大国优势与潜力、实现贸易强国战略和经济持续稳定高质量发展提供了客观依据。然而，受研究时间、数据来源等条件的限制，本书的研究仍存在一些不足之处，以下问题尚需进一步解决。

（1）本书建立数理模型分析了国内市场一体化影响出口技术复杂度的微观机制，对市场一体化影响出口技术复杂度的中介效应、门槛效应和空间溢出效应的理论分析仅通过文字进行表述，未能将它们纳入统一的分析框架，且未考虑各类传导机制之间细微的相互作用，因此本书的理论分析仍较为粗略，欠缺精确性和严谨性，有待于进一步深入研究。

（2）本书仅利用 HS 四位码商品贸易数据测算了各行业及省份层面的出口技术复杂度，剔除加工贸易影响的方法较为粗略，且未将产品质量因素纳入指标测算之中。在数据可得的情况下，可进一步采用 HS 六位码或八位码商品贸易数据基于微观企业层面开展更为细化的研究。在测算方法上，可以基于更加权威的区域非竞争性投入产出表核算出口贸易国内附加值率，并纳入产品质量因素，对出口技术复杂度进行更为精确全面的测算分析。

（3）本书测算了制造业出口技术复杂度，并未对服务贸易出口技术复杂度进行测算分析。近年来，中国服务贸易发展迅速，规模不断攀升，日益成为中国外贸转型升级的重要引擎。服务贸易出口技术复杂度的演变趋势如何？影响因素有哪些？国内市场一体化是否也同时推进了服务贸易出口技术复杂度提升？其发挥作用的机制和途径又是什么？这些问题都值得未来进一步研究思考。

（4）本书测算了省份层面的市场一体化水平，事实上，在一个省份内部各地市之间也存在一定程度的市场分割，且不同行业面临的区际贸易壁垒存在差别，中国长期存在的城乡二元经济结构特征，导致城市和农村之间同样存在资源要素流动障碍。如何准确地测算地市、不同行业及城乡间市场一体化水平，并研究分析它们对中国对外贸易的影响效应与机制，从而提出更具针对性的政策措施，成为未来亟待深入探索的问题。

（5）影响出口技术复杂度的因素众多，本书重点考察了国内市场一体化的影响，并将物质资本、人力资本、研发投入、进口贸易、外商直接投资等少数变量作为控制变量纳入模型，未能将更多因素考虑在内。在中介效应、门槛效应和空间溢出效应的分析中，均未考察市场—体化影响出口技术复杂度的行业、区域及时期异质性，这需要后续研究进—步完善。此外，使用跨国面板数据研究不同国家国内市场—体化对出口技术复杂度的影响差异，在比较中寻求借鉴意义，也是未来研究方向。

参考文献

［1］ Acemoglu D, Antràs P, Helpman E. Contracts and Technology Adoption ［J］. American Economic Review, 2007, 97 （3）: 916 – 943.

［2］ Acemoglu D, Johnson S, Robinson J A. Institutions as a Fundamental Cause of Long – Run Growth ［J］. Handbook of Economic Growth, 2005 （1）: 385 – 472.

［3］ Aghion P, Bloom N, Blundell R, et al. Competition and Innovation: an Inverted – U Relationship ［J］. The Quarterly Journal of Economics, 2005, 120 （2）: 701 – 728.

［4］ Alfaro L, Chari A. Deregulation, Misallocation, and Size: Evidence from India ［R］. Harvard Business School Working Papers, 2014.

［5］ Anselin L, Varga A, Acs Z. Local Geographic Spillovers between University Research and High Technology Innovations ［J］. Journal of Urban Economics, 1997, 42 （3）: 422 – 448.

［6］ Anselin L. Advances in Spatial Econometrics: Methodology, Tools and Applications ［M］. Berlin: Springer Verlag Press, 2004.

［7］ Arora A, Andrea F, Alfonso G. Markets for Technology and Their Implications for Corporate Strategy ［J］. Industrial and Corporate Change, 2001, 10 （2）: 419 – 451.

［8］ Ascari G, Cosmo V D. Determination of Total Factor Productivity in Italian Regions ［R］. Working Paper, Dipartmento di Economic Politica a Metodi Quantitative, University Degli Studi di Pavia, 2004.

［9］ Audretsch D B, Feldman M P. Knowledge Spillovers and the Geography of Innovation ［J］. Handbook of Urban & Regional Economics, 2003, 4 （3）: 2713 – 2739.

［10］ Balassa B. The Theory of Economic Integration ［M］. London: Allen&Unwin, 1962.

［11］ Beck T. Financial Dependence and International Trade ［J］. Review of International Economics, 2003, 11 （2）: 296 – 316.

［12］ Berkowitz D, Pistor M K. Trade, Law, and Product Complexity ［J］. The Review of Economics and Statistics, 2006, 88 （2）: 363 – 373.

［13］ Boisot M, Mever, Meyer M W. Which Way through the Open Door? Reflections on the Internationalization of Chinese Firms ［J］. Management and Organzation Review, 2008, 4 （3）: 349 – 365.

［14］ Bolton P, Dewatripont M. Contract Theory ［M］. MIT Press: Cambridge and London, 2005.

［15］ Cabral M H, Veiga P. Determinants of Export Diversification and Sophistication in Sub – Saharan Africa ［R］. Social Science Electronic Publishing, 2010.

［16］ Carlino G A, Chatterjee S, Hunt R M. Urban Density and the Rate of Invention ［J］. Journal of Urban Economics, 2007, 61 （3）: 389 – 419.

［17］ Caves R E. Multinational Enterprise and Economic Analysis （2nd Edition） ［M］. New York and Melbourne: Cambridge University Press, 1996.

［18］ Cerqueira P A, Martins R. Measuring the Determinants of Business Cycle Synchronization Using a Panel Approach ［J］. Economics Letters, 2009, 102 （2）: 106 – 108.

［19］ Chaney T. Liquidity Constrained Exporters ［C］. Mimeo: University of Chicago, 2005.

［20］ Chen Z Y, Zhang J, Zheng W P. Import and Innovation: Evidence from Chinese Firms ［J］. European Economic Review, 2017, 94: 205 – 220.

［21］ Cheung K Y, Lin P. Spillover Effects of FDI on Innovation in China: Evidence from the Provincial Data ［J］. China Economic Review, 2004,

15 (1): 25 –44.

[22] Christopher M. Logistics and Competitive Strategy [J]. European Management Journal, 1993, 11 (2): 258 –261.

[23] Coe D T, Helpman E. International R&D Spillovers [J]. European Economic Review, 1995, 39 (5): 859 –887.

[24] Cohen J P, Paul C J M. Public Infrastructure Investment, Interstate Spatial Spillovers, and Manufacturing Costs [J]. The Review of Economics and Statistics, 2004, 86 (2): 551 –560.

[25] Desmet K, Parente S L. Bigger Is Better: Market Size, Demand Elasticity and Innovation [J]. International Economic Review, 2010, 51 (2): 319 –333.

[26] Dixit A K, Stiglitz J E. Monopolistic Competition and Optimum Product Diversity [J]. The American Economic Review, 1977, 67 (3): 297 –308.

[27] Faber B. Trade Integration, Market Size, and Industrialization: Evidence from China's National Trunk Highway System [J]. Review of Economic Studies, 2014, 81 (3): 1046 –1070.

[28] Fagerberg J. The Oxford Handbook of Innovation [M]. Oxford: Oxford University Press, 2006.

[29] Fajgelbaum P, Grossman G M, Helpman E. Income Distribution, Product Quality, and International Trade [J]. Journal of Political Economy, 2011, 119 (4): 721 –765.

[30] Finfer J M, Kreinin M E. A Measure of Export Similarity and Its Possible Uses [J]. Economic Journal, 1979, 89 (356): 905 –912.

[31] Geary R. The Contiguity Ratio and Statistical Mapping [J]. The Incorporated Statistician, 1954, 5 (3): 115 –145.

[32] Getis A, Ord J K. The Analysis of Spatial Association by Use of Distance Statistics [J]. Geographical Analysis, 1992 (24): 189 –206.

[33] Girma S, Greenaway D, Wakelin K. Who Benefits from Foreign Di-

rect Investment in the UK? [J]. Scottish Journal of Political Economy, 2001, 48 (2): 119 – 133.

[34] Hansen B E. Threshold Effects in Non – Dynamic Panels: Estimation, Testing and Inference [J]. Journal of Econometrics, 1999, 93 (2): 345 – 368.

[35] Hausmann R, Hwang J, Rodrik D. What You Export Matters [R]. NBER Working Paper, 2005.

[36] Hausmann R, Hwang J, Rodrik D. What You Export Matters [J]. Journal of Economic Growth, 2007, 12 (1): 1 – 25.

[37] Hausmann R, Rodrik D. Economic Development as Self – Discovery [J]. Journal of Development Economics, 2003, 72 (2): 603 – 633.

[38] Holmes T J, Stevens J J. Home Market Size Matter for the Pattern of Trade? [J]. Journal of International Economics, 2005, 65 (2): 489 – 505.

[39] Hummels D, Ishii J, Yi K M. The Nature and Growth of Vertical Specialization in World Trade [J]. Journal of International Economics, 2001, 54 (1): 75 – 96.

[40] Javorcik B S. Does Foreign Direct Investment Increase the Productivity of Domestic Firms? In Search of Spillovers through Backward Linkages [J]. The American Economic Review, 2004, 94 (3): 605 – 627.

[41] Jetter M, Hassan A R. The Roots of Export Diversification [R]. Documentos de Trabajo CIEF, 2013.

[42] Kletzer K, Bardhan P. Credit Markets and Patterns of International Trade [J]. Journal of Development Economics, 1987, 27 (1 – 2): 57 – 70.

[43] Kogut B, Chang S J. Technological Capabilities and Japanese Foreign Direct Investment in the United States [J]. The Review of Economics and Statistics, 1991, 73 (3): 401 – 411.

[44] Koopman R, Wang Z, Wei S J. How much of Chinese Exports Is Really Made in China? Assessing Domestic Value – Added When Processing Trade Is Pervasive [R]. NBER Working Paper, 2008.

[45] Krugman P R. Geography and Trade [M]. Cambridge: MIT Press, 1991.

[46] Krugman P R. Scale Economies, Product Differentiation, and the Pattern of Trade [J]. The American Economic Review, 1980, 70 (5): 950 – 959.

[47] Lall S, Weiss J, Zhang J K. The "Sophistication" of Exports: A New Trade Measure [J]. World Development, 2006, 34 (2): 222 – 237.

[48] LeSage J. P., Pace R. K. Introduction to Spatial Econometrics [M]. Boca Raton: CRC Press, 2009.

[49] Levchenko A. Institutional Quality and International Trade [J]. The Review of Economic Studies, 2007, 74 (3): 791 – 819.

[50] Levin J, Tadelis S. Contracting for Government Services: Theory and Evidence from U. S. Cities [J]. The Journal of Industrial Economics, 2010, 58 (3): 507 – 541.

[51] Lichtenberg F, Potterie B P. Does Foreign Direct Investment Transfer Technology Across Borders? [J]. The Reviews of Economics and Statistics. 2001, 83 (3): 490 – 497.

[52] Lin F Q, Weldemicael E O, Wang X S. Export Sophistication Increases Income in Sub – Saharan Africa: Evidence from 1981 – 2000 [J]. Empirical Economics, 2017, 52 (4): 1627 – 1649.

[53] Lind A D, Marchal W G, Mason S A. Statistical Techniquesin Business and Economics [M]. Irwin: MaGraw – Hill, 2002.

[54] Lu Y, Ng T. Do Imports Spur Incremental Innovation in the South? [J]. China Economic Review, 2012, 23 (4): 819 – 832.

[55] Mackinnon D P, Warsi G, Dwyer J H. A Simulation Study of Mediated Effect Measures [J]. Multivariate Behavioral Research, 1995, 30 (3): 41 – 62.

[56] Madsen J B. Technology Spillover through Trade and TFP Convergence: 135 Years of Evidence for the OECD Countries [J]. Journal of Inter-

national Economics, 2007, 72 (2): 464 – 480.

[57] McCallum J. National Borders Matter: Canada – US Regional Trade Patterns [J]. American Economic Review, 1995, 85 (3): 615 – 623.

[58] McKinnon R. Money and Capital in Economic Development [M]. Washington DC: Brookings Institution, 1973.

[59] Melitz M J. The Impact of Trade on Intra – Industry Reallocations and Aggregate Industry Productivity [J]. Econometrica, 2003, 71 (6): 1695 – 1725.

[60] Méon P G, Sekkat K. Institutional Quality and Trade: Which Institutions? Which Trade? [J]. Economic Inquiry, 2008, 46 (2): 227 – 240.

[61] Michaely M. Trade Income Levels and Dependence (Studies in International Economics) [M]. Oxford: Elsevier Science Ltd, 1984.

[62] Moenius J, Berkowitz D. Institutional Change and Product Composition: Does the Initial Quality of Institutions Matter? [R]. William Davidson Institute Working Papers Series, 2004.

[63] Moran P. Notes on Continuous Stochastic Phenomena [J]. Biometrika, 1950, 37 (1/2): 17 – 23.

[64] Naughton B. How much Can Regional Integration Do to Unify China's Markets? [R]. Conference for Research on Economic Development and Policy, Stanford University, 1999.

[65] North D C. Institutions, Institutional Change and Economic Performance [M]. New York: Cambridge University Press, 1990.

[66] Nunn N, Trefler D, Incomplete Contracts and the Boundaries of the Multinational Firm [J]. Journal of Economic Behavior & Organization, 2013, 94 (10): 330 – 344.

[67] Parsley D C, Wei S J. Limiting Currency Volatility to Stimulate Goods Market Integration: A Price – Based Approach [R]. IMF Working Papers, 2001.

[68] Parteka A, Tamberi M. Export Diversification and Development –

Empirical Assessment [R]. Università Politecnica delle Marche, Faculty of Economics, Working Paper, 2011.

[69] Porter M E. The Competitive Advantage of Nations [J]. Harvard Business Review, 1990, 68 (2): 73 – 93.

[70] Puertas R, Martí L, García L. Logistics Performance and Export Competitiveness: European Experience [J]. Empirica, 2014, 41 (3): 467 – 480.

[71] Rajan R G, Zingales L. Financial Dependence and Growth [J]. American Economic Review, 1998, 88 (3): 559 – 586.

[72] Rodrik D. What Is so Special about China's Exports? [J]. China&World Economy, 2006, 14 (5): 1 – 19.

[73] Rodrik D. Institutions for High – Quality Growth: What They Are and How to Acquire Them [R]. NBER Working Paper, 2000.

[74] Samuelson P. Theoretical Note on Trade Problem [J]. Review of Economics and Statistics, 1964, 46 (2): 145 – 164.

[75] Schott P K. The Relative Sophistication of Chinese Exports [J]. Economic Policy, 2008, 23 (53): 5 – 49.

[76] Shirley C, Wintson C. Firm Inventory Behavior and the Returns from Highway Infrastructure Investment [J]. Journal of Urban Economics, 2004, 55 (2): 398 – 415.

[77] Tietze F, Herstatt C. Technology Market Intermediaries and Innovation [C]. Opening Up Innovation: Strategy, Organization and Technology, Imperial College London Business School, 2010.

[78] Utterback J M. Mastering the Dynamics of Innovation [M]. Boston: Harvard Business School Press, 1994.

[79] Vogiatzoglou K. Determinants of Export Specialization in ICT Products: A Cross – Country Analysis [R]. NBER Working Paper, 2009.

[80] Wang Z, Wei S J. The Rising Sophistication of China's Exporis: Assessing the Roles of Processing Trade, Foreign Invested Firms, Human

Capital, and Government Policies〔R〕. NBER Working Paper, 2007.

〔81〕 Williamson OE. The Economic Institutions of Capitalism〔M〕. New York: The Free Press, 1985.

〔82〕 Wolf H C. Intranational Home Bias in Trade〔J〕. The Review of Economics and Statistics, 1997, 82 (4): 555 – 563.

〔83〕 Xu B, Lu J Y. Foreign Direct Investment Processing Trade, and the Sophistication of China's Exports〔J〕. China Economic Review, 2009, 20 (3): 425 – 439.

〔84〕 Xu B. Measuring China's Export Sophistication〔R〕. China Europe International Business School Working Paper, 2007.

〔85〕 Xu B. The Sophistication of Exports: Is China Special?〔J〕. China Economic Review, 2010, 21 (3): 482 – 493.

〔86〕 Xu Xinpeng. Have the Chinese Provinces Become Integrated under Reform?〔J〕. China Economic Review, 2002, 13 (2/3): 116 – 133.

〔87〕 Young A. The Razor's Edge: Distortions and Incremental Reform in the People's Republic of China〔J〕. The Quarterly Journal of Economics, 2000, 115 (4): 1091 – 1135.

〔88〕 Zhang H Y, Yang X H. Intellectual Property Rights and Export Sophistication〔J〕. Journal of International Commerce, Economics and Policy, 2016, 7 (3): 1 – 19.

〔89〕 Zwemuller J, Brunner J K. Innovation and Growth with Rich and Poor Consumers〔J〕. Metroecomomica, 2005, 56 (2): 233 – 262.

〔90〕 Poncet S. 中国市场正在走向"非一体化"？——中国国内和国际市场一体化程度的比较分析〔J〕. 世界经济文汇, 2002 (1): 3 – 17.

〔91〕白重恩，杜颖娟，陶志刚，等. 地方保护主义及产业地区集中度的决定因素和变动趋势〔J〕. 经济研究, 2004 (4): 29 – 40.

〔92〕贝拉·巴拉萨. 经济一体化理论（中译本）〔M〕. 伦敦：理查德·D. 欧文公司, 1961.

〔93〕彼得·林德特. 国际经济学（中译本）〔M〕. 北京：经济科学

出版社，1992.

[94] 陈琳，朱子阳．金融发展、金融结构与高科技产品的出口竞争力——国际经验及启示[J]．世界经济文汇，2019（3）：57－72.

[95] 陈敏，桂琦寒，陆铭，等．中国经济增长如何持续发挥规模效应？——经济开放与国内商品市场分割的实证研究[J]．经济学（季刊），2008（1）：125－150.

[96] 陈启斐．扩大内需与出口贸易：基于中国省级数据的分析[J]．中国经济问题，2013（4）：3－11.

[97] 陈庆江，赵明亮．信息化能否放大市场整合的创新激励效应[J]．宏观经济研究，2018（10）：105－120.

[98] 陈晓华，黄先海，刘慧．中国出口技术结构演进的机理与实证研究[J]．管理世界，2011（3）：44－57.

[99] 陈晓华，沈成燕．出口技术复杂度研究回顾与评述[J]．浙江理工大学学报，2015，34（10）：371－379.

[100] 陈甬军，丛子薇．更好发挥政府在区域市场一体化中的作用[J]．财贸经济，2017，38（2）：5－19.

[101] 陈媛媛．市场分割与出口竞争力：基于中国数据的经验研究[J]．世界经济研究，2013（11）：49－55，88.

[102] 代中强．知识产权保护提高了出口技术复杂度吗？——来自中国省际层面的经验研究[J]．科学学研究，2014，32（12）：1846－1858.

[103] 戴魁早．技术市场发展对出口技术复杂度的影响及其作用机制[J]．中国工业经济，2018（7）：117－135.

[104] 戴魁早．要素市场扭曲如何影响出口技术复杂度？——中国高技术产业的经验证据[J]．经济学（季刊），2019，18（1）：337－366.

[105] 戴翔，金碚．产品内分工、制度质量与出口技术复杂度[J]．经济研究，2014，49（7）：4－17，43.

[106] 邓峰，杨婷玉．市场分割对省域创新效率的空间相关性研究——基于创新要素流动视角[J]．科技管理研究，2019，39（17）：19－29.

［107］邓慧慧．挤压还是促进？——内需对制造业出口的影响研究［J］．财经研究，2012，38（3）：115－123.

［108］丁小义，胡双丹．基于国内增值的中国出口复杂度测度分析——兼论"Rodrik 悖论"［J］．国际贸易问题，2013（4）：40－50.

［109］丁一兵，宋畅．出口市场份额、FDI 流入与中国制造业出口技术复杂度［J］．国际贸易问题，2019（6）：117－132.

［110］董宇，杨晶晶．物流发展对出口技术复杂度的影响——基于我国省际面板数据的研究［J］．国际商务（对外经济贸易大学学报），2016（2）：29－38.

［111］杜晓英．金融发展对出口复杂度的影响机制［J］．当代经济研究，2015（1）：86－92.

［112］樊纲，王小鲁，张立文，等．中国各地区市场化相对进程报告［J］．经济研究，2003（3）：9－18，89.

［113］樊纲，王小鲁，朱恒鹏．中国市场化指数：各地区市场化相对进程 2011 年报告［M］．北京：经济科学出版社，2011.

［114］范爱军，李真，刘小勇．国内市场分割及其影响因素的实证分析——以我国商品市场为例［J］．南开经济研究，2007（5）：111－119.

［115］范剑勇．市场一体化、地区专业化与产业集聚趋势——兼谈对地区差距的影响［J］．中国社会科学，2004（06）：39－51，204－205.

［116］范欣，宋冬林，赵新宇．基础设施建设打破了国内市场分割吗？［J］．经济研究，2017，52（2）：20－34.

［117］方园．金融发展对出口复杂度提升的影响机理与效应研究［D］．杭州：浙江大学博士学位论文，2013.

［118］冯伟，徐康宁，邵军．基于本土市场规模的产业创新机制及实证研究［J］．中国软科学，2014（1）：55－67.

［119］冯兴元．中国的市场整合和地方政府竞争——地方保护与地方市场分割及其对策研究［R］．天则经济研究所，2002.

［120］傅缨捷，丁一兵．中间品进口与经济结构转型［J］．世界经济研究，2014（4）：51－57，88－89.

［121］高宇. 出口企业与国内市场一体化［J］. 国际贸易问题, 2016（12）: 142 – 154.

［122］桂琦寒, 陈敏, 陆铭, 等. 中国国内商品市场趋于分割还是整合: 基于相对价格法的分析［J］. 世界经济, 2006（2）: 20 – 30.

［123］郭亦玮, 郭晶, 王磊. 中国区域金融发展对出口复杂度影响的实证研究［J］. 中国软科学, 2013（11）: 151 – 160.

［124］国家计委市场与价格经济所课题组. 我国经济市场化程度的判断［J］. 宏观经济管理, 1996（2）: 20 – 23.

［125］国务院发展研究中心"中国统一市场建设"课题组. 中国国内地方保护的调查报告——非企业抽样调查结果的初步分析［J］. 经济研究参考, 2004（18）: 31 – 38.

［126］国务院发展研究中心课题组. 国内市场一体化对中国地区协调发展的影响及其启示［J］. 中国工商管理研究, 2005（12）: 22 – 25.

［127］行伟波, 李善同. 本地偏好、边界效应与市场一体化——基于中国地区间增值税流动数据的实证研究［J］. 经济学（季刊）, 2009, 8（4）: 1455 – 1474.

［128］何顺果. 关于美国国内市场形成问题［J］. 历史研究, 1986（6）: 174 – 189.

［129］洪银兴. 论我国转型阶段的统一市场建设——兼论区域经济一体化的路径［J］. 学术月刊, 2004（6）: 83 – 91.

［130］黄玖立, 李坤望, 黎德福. 中国地区实际经济周期的协同性［J］. 世界经济, 2011, 34（9）: 19 – 41.

［131］黄永明, 张文洁. 出口复杂度的国外研究进展［J］. 国际贸易问题, 2012（3）: 167 – 176.

［132］金祥荣, 赵雪娇. 行政权分割、市场分割与城市经济效率——基于计划单列市视角的实证分析［J］. 经济理论与经济管理, 2017（3）: 14 – 25.

［133］柯善咨, 郭素梅. 中国市场一体化与区域经济增长互动: 1995～2007 年［J］. 数量经济技术经济研究, 2010, 27（5）: 62 –

72，87．

　　［134］李洪亚，宫汝凯．技术进步与中国 OFDI：促进与溢出的双重考察［J］．科学学研究，2016，34（1）：57－68．

　　［135］李善同，侯永志，刘云中，等．中国国内地方保护问题的调查与分析［J］．经济研究，2004（11）：78－84，95．

　　［136］梁会君，史长宽．市场需求、贸易成本与内需动力：沿海地区与西部地区检验［J］．改革，2013（2）：116－123．

　　［137］林文益．关于社会主义统一市场的问题［J］．财贸经济丛刊，1980（1）：27－31．

　　［138］林毅夫．解读中国经济：增订版［M］．北京：北京大学出版社，2014．

　　［139］刘秉镰，刘玉海．交通基础设施建设与中国制造业企业库存成本降低［J］．中国工业经济，2011（5）：69－79．

　　［140］刘洪铎．产业集聚对出口技术复杂度的影响研究——基于外贸发展方式转变视角的实证分析［J］．中国社会科学院研究生院学报，2016（4）：39－47．

　　［141］刘瑞明．国有企业、隐性补贴与市场分割：理论与经验证据［J］．管理世界，2012（4）：21－32．

　　［142］刘威，杜雪利，李炳．金融发展对中国出口复杂度的影响渠道研究［J］．国际金融研究，2018（2）：87－96．

　　［143］刘艳．生产性服务进口与高技术制成品出口复杂度——基于跨国面板数据的实证分析［J］．产业经济研究，2014（4）：84－93．

　　［144］刘英基．制度环境、知识资本与制造业出口复杂度提升[J]．科研管理，2019，40（6）：144－152．

　　［145］刘遵义，陈锡康，杨翠红，等．非竞争型投入占用产出模型及其应用——中美贸易顺差透视［J］．中国社会科学，2007（5）：91－103，206－207．

　　［146］鲁桐，党印．公司治理与技术创新：分行业比较［J］．经济研究，2014，49（6）：115－128．

[147] 陆铭，陈钊. 分割市场的经济增长——为什么经济开放可能加剧地方保护？[J]. 经济研究，2009，44（3）：42-52.

[148] 陆铭，陈钊. 中国区域经济发展中的市场整合与工业集聚［M］. 上海：上海人民出版社，2006.

[149] 吕典玮，张琦. 京津地区区域一体化程度分析［J］. 中国人口·资源与环境，2010，20（3）：162-167.

[150] 吕越，陈帅，盛斌. 嵌入全球价值链会导致中国制造的"低端锁定"吗？［J］. 管理世界，2018，34（8）：11-29.

[151] 吕越，盛斌，吕云龙. 中国的市场分割会导致企业出口国内附加值率下降吗［J］. 中国工业经济，2018（5）：5-23.

[152] 毛海欧，刘海云. 中国 OFDI 如何影响出口技术含量——基于世界投入产出数据的研究［J］. 数量经济技术经济研究，2018，35（7）：97-113.

[153] 毛其淋，方森辉. 创新驱动与中国制造业企业出口技术复杂度［J］. 世界经济与政治论坛，2018（2）：1-24.

[154] 毛其淋，盛斌. 对外经济开放、区域市场整合与全要素生产率［J］. 经济学（季刊），2012，11（1）：181-210.

[155] 毛其淋. 国内市场一体化与中国出口技术水平——基于金融发展视角的理论与实证研究［J］. 世界经济文汇，2012（3）：14-40.

[156] 齐俊妍，吕建辉. 进口中间品对中国出口净技术复杂度的影响分析——基于不同技术水平中间品的视角［J］. 财贸经济，2016（2）：114-126.

[157] 齐俊妍，王岚. 贸易转型、技术升级和中国出口品国内完全技术含量演进［J］. 世界经济，2015，38（3）：29-56.

[158] 齐俊妍，王永进，施炳展，等. 金融发展与出口技术复杂度［J］. 世界经济，2011，34（7）：91-118.

[159] 任保全，刘志彪，任优生. 战略性新兴产业技术创新的驱动力：出口还是本土市场需求［J］. 财经科学，2016（12）：77-89.

[160] 上官绪明. 物流发展、FDI 与出口贸易结构优化——基于中部

地区的实证分析［J］. 技术经济与管理研究，2014（9）：66 - 71.

［161］盛斌，毛其淋. 进口贸易自由化是否影响了中国制造业出口技术复杂度［J］. 世界经济，2017，40（12）：52 - 75.

［162］盛斌，毛其淋. 贸易开放、国内市场一体化与中国省际经济增长：1985 ~ 2008 年［J］. 世界经济，2011（11）：44 - 66.

［163］盛斌. 中国对外贸易的政治经济学分析［M］. 上海：上海人民出版社，2002.

［164］宋冬林，范欣，赵新宇. 区域发展战略、市场分割与经济增长——基于相对价格指数法的实证分析［J］. 财贸经济，2014（8）：115 - 126.

［165］孙博文，孙久文. 长江经济带市场一体化的空间经济增长与非对称溢出效应［J］. 改革，2019（3）：72 - 86.

［166］唐宜红，姚曦. 本地市场效应与中国出口贸易结构转变——基于模型结构突变的实证检验［J］. 世界经济研究，2015（7）：53 - 62，128.

［167］童文洁. 市场化程度、创新投入和出口技术复杂度［D］. 杭州：浙江大学硕士学位论文，2017.

［168］万典武. 社会主义统一市场的几个问题［J］. 财贸经济，1984（5）：1 - 4.

［169］王磊，李成丽. 市场一体化、城市化与区域经济增长——基于长三角 16 个城市的实证研究［J］. 现代城市研究，2018（3）：81 - 87.

［170］王鹏，张剑波. 外商直接投资、官产学研合作与区域创新产出——基于我国十三省市面板数据的实证研究［J］. 经济学家，2013（1）：58 - 66.

［171］王庆喜，徐维祥. 多维距离下中国省际贸易空间面板互动模型分析［J］. 中国工业经济，2014（3）：31 - 43.

［172］王小鲁，樊纲，胡李鹏. 中国分省份市场化指数报告（2018）［M］. 北京：社会科学文献出版社，2019.

［173］王晓燕，齐俊妍. 金融发展与出口净技术复杂度：基于不同

技术含量的实证分析［J］. 国际商务研究，2017，38（2）：34 – 45，96.

［174］王永进，盛丹，施炳展，等. 基础设施如何提升了出口技术复杂度？［J］. 经济研究，2010，45（7）：103 – 115.

［175］王永培. 内需规模、集聚效应与出口二元边际——来自我国267 个地级市制造业企业的微观证据［J］. 国际商务（对外经济贸易大学学报），2016（2）：18 – 28.

［176］王正新，朱洪涛. 创新效率对高技术产业出口复杂度的非线性影响［J］. 国际贸易问题，2017（6）：61 – 70.

［177］温忠麟，刘红云，侯杰泰. 调节效应和中介效应分析［M］. 北京：教育科学出版社，2012.

［178］吴三忙，李善同. 市场一体化、产业地理集聚与地区专业分工演变——基于中国两位码制造业数据的实证分析［J］. 产业经济研究，2010（6）：7 – 16.

［179］肖汉平. 论市场一体化及对策［J］. 经济与管理研究，1992（6）：38 – 40.

［180］徐现祥，李郇. 市场一体化与区域协调发展［J］. 经济研究，2005（12）：57 – 67.

［181］徐现祥，李郇. 中国省际贸易模式：基于铁路货运的研究［J］. 世界经济，2012，35（9）：41 – 60.

［182］徐勇，赵永亮. 商业周期与区际经济一体化——自然壁垒、经济结构与政策［J］. 财经研究，2007（7）：70 – 81.

［183］许统生，洪勇. 中国省区间经济周期同步性研究［J］. 经济科学，2013（3）：34 – 47.

［184］杨连星，刘晓光. 中国 OFDI 逆向技术溢出与出口技术复杂度提升［J］. 财贸经济，2016（6）：97 – 112.

［185］杨林，陈喜强. 协调发展视角下区域市场一体化的经济增长效应——基于珠三角地区的考察［J］. 经济问题探索，2017（11）：59 – 66.

［186］杨振兵. 市场整合利于提升创新效率吗——基于创新能力与

创新动力的新视角［J］．当代财经，2016（3）：13 – 23.

［187］叶裕民．中国区际贸易冲突的形成机制与对策思路［J］．经济地理，2000（6）：13 – 16.

［188］银温泉，才婉茹．我国地方市场分割的成因和治理［J］．经济研究，2001（6）：3 – 12，95.

［189］于光远．经济大辞典［M］．上海：上海辞书出版社，1992.

［190］于洋．中国省际贸易流量再估算与区间分解［J］．中国经济问题，2013（5）：100 – 108.

［191］余东华，王青．地方保护、区域市场分割与产业技术创新能力——基于2000—2005年中国制造业数据的实证分析［J］．中国地质大学学报（社会科学版），2009，9（3）：73 – 78.

［192］余娟娟，余东升．政府补贴、行业竞争与企业出口技术复杂度［J］．财经研究，2018，44（3）：112 – 124.

［193］张红梅，李黎力．中国区际贸易：数据获取与数据库构建［J］．当代财经，2018（4）：88 – 97.

［194］张杰，张培丽，黄泰岩．市场分割推动了中国企业出口吗?［J］．经济研究，2010，45（8）：29 – 41.

［195］张杰，周晓燕．中国本土企业为何不创新——基于市场分割视角的一个解读［J］．山西财经大学学报，2011（6）：82 – 93.

［196］张少军，李善同．中国省际贸易的演变趋势、特征与展望：1987—2007［J］．财贸经济，2013（10）：100 – 107.

［197］赵奇伟，熊性美．中国三大市场分割程度的比较分析：时间走势与区域差异［J］．世界经济，2009（6）：41 – 53.

［198］赵瑞丽，孙楚仁．最低工资会降低城市的出口复杂度吗?［J］．世界经济文汇，2015（6）：43 – 75.

［199］赵伟，徐朝晖．测度中国省域经济"二重"开放［J］．中国软科学，2005（8）：81 – 90.

［200］郑毓盛，李崇高．中国地方分割的效率损失［J］．中国社会科学，2003（1）：64 – 72，205.

[201] 郑展鹏，王洋东．国际技术溢出、人力资本与出口技术复杂度 [J]．经济学家，2017（1）：97 – 104.

[202] 周兵，张倩，张晨阳．金融环境因素背景下的 FDI 与产业集聚 [J]．管理世界，2012（1）：172 – 173.

[203] 周国红，楼锡锦．长三角区域经济一体化的基本态势与战略思考——基于宁波市 532 家企业的问卷调查与分析 [J]．经济地理，2007（1）：74 – 77.

[204] 周禄松，郑亚莉．出口技术复杂度升级对工资差距的影响：基于我国省级动态面板数据的系统 GMM 分析 [J]．国际贸易问题，2014（11）：61 – 71.

[205] 周一星，杨家文．九十年代我国区际货流联系的变动趋势 [J]．中国软科学，2001（6）：85 – 89.

[206] 朱凯，潘怡麟，张舒怡，等．管制下的市场分割与租值耗散——基于企业集团跨地区经营的视角 [J]．财经研究，2019，45（4）：4 – 16.

[207] 朱希伟，金祥荣，罗德明．国内市场分割与中国的出口贸易扩张 [J]．经济研究，2005（12）：68 – 76.

[208] 祝树金，张鹏辉．中国制造业出口国内技术含量及其影响因素 [J]．统计研究，2013，30（6）：58 – 66.

[209] 卓乘风，邓峰．基础设施投资与制造业贸易强国建设——基于出口规模和出口技术复杂度的双重视角 [J]．国际贸易问题，2018（11）：104 – 119.

附录 A 中国制造业行业分类与 HS 四位码商品匹配表

表 A.1　　中国制造业行业分类与 HS 四位码商品匹配表

行业名称	HS 货品税则号
农副食品加工业	第 2 章，0303 – 0306，第 4 章（不包括 0409 – 0410），0710 – 0712，0811 – 0812，0814，0901，1006，第 11 章，1208，第 15 章（不包括 1518 – 1520），第 23 章
食品制造业	第 16 – 17 章，第 18 章（不包括 1801 – 1802），第 19 – 21 章，2209
酒、饮料和精制茶制造业	0902，第 22 章（不包括 2209）
烟草制品业	2402 – 2403
纺织业	第 50 章（不包括 5001 – 5003），第 51 章（不包括 5101 – 5104），第 52 章（不包括 5201 – 5202），第 53 章（只包括 5306 – 5311），第 56 – 61 章，第 63 章
纺织服装、服饰业	第 62 章，第 65 章
皮革、毛皮、羽毛及其制品和制鞋业	第 41 章（不包括 4101 – 4103），第 42 章，第 43 章（不包括 4301），第 64 章，第 67 章（不包括 6702）
木材加工和木、竹、藤、棕、草制品业	第 44 章（不包括 4401 – 4403），4503 – 4504，第 46 章
家具制造业	9401 – 9404
造纸和纸制品业	第 47 章，第 48 章（不包括 4820）
印刷和记录媒介复制业	第 49 章
文教、工美、体育和娱乐用品制造业	4820，第 92 章，第 95 章，9601 – 9602、9608 – 9612
石油加工、炼焦和核燃料加工业	2704 – 2708，2710 – 2713，2715
化学原料和化学制品制造业	1518 – 1520，第 28 – 29 章，第 31 – 38 章，3901 – 3914，4002
医药制造业	第 30 章

行业名称	HS 货品税则号
化学纤维制造业	第 54 – 55 章
橡胶和塑料制品业	3915 – 3926，第 40 章（不包括 4001 – 4002）
非金属矿制品业	第 68 – 70 章
黑色金属冶炼和压延加工业	2618 – 2619，第 72 章，8111
有色金属冶炼和压延加工业	7401 – 7410，7501 – 7506，7601 – 7607，7801 – 7804，7901 – 7905，8001 – 8005，第 81 章（不包括 8111）
金属制品业	第 73 章，7411 – 7419，7507 – 7508，7608 – 7616，7805 – 7806，7906 – 7907，8006 – 8007，第 82 – 83 章，9406
通用设备制造业	8401 – 8424，8456 – 8470，8472 – 8473，8480 – 8485，9006 – 9010
专用设备制造业	8425 – 8449，8451 – 8455，8474 – 8479，8486 – 8487，9018 – 9022
交通运输设备制造业	第 86 – 89 章
电气机械和器材制造业	8450，8501 – 8516，8530 – 8539，8544 – 8548，9405
计算机、通信和其他电子设备制造业	8471，8517 – 8529，8540 – 8543
仪器仪表制造业	9001 – 9005，9011 – 9017，9023 – 9033，第 91 章

注：交通运输设备制造业由汽车制造业及铁路、船舶、航空航天和其他运输设备制造业数据合并而成。

资料来源：借鉴盛斌（2002）的方法，自行整理。

附录 B 中国各省份出口技术复杂度（未剔除加工贸易的影响）

表 B.1 2002—2017 年中国各省份出口技术复杂度（未剔除加工贸易的影响）

省份	2002 年	2004 年	2006 年	2008 年	2010 年	2012 年	2014 年	2016 年	2017 年
北京	13101	17890	23518	28999	34674	38568	44786	51061	54361
天津	13876	18964	24089	28062	33786	38110	44134	50639	53846
河北	10355	12650	15924	21067	27738	33378	39578	47020	51053
山西	9293	11343	15052	19279	25315	34554	40856	46272	48123
内蒙古	9421	11330	15029	18607	23916	30980	36785	42265	45487
辽宁	11861	14365	17679	22213	28159	34634	40408	47615	50863
吉林	10150	12495	16069	20420	26527	33411	40124	46542	50315
黑龙江	10887	13479	17666	21514	27157	33820	40114	48150	52755
上海	12597	17740	22602	28983	34669	38547	44111	49933	53104
江苏	12793	17562	22955	28036	33625	37775	43330	49601	53086
浙江	11403	14653	18957	23799	28809	34946	41349	49722	54233
安徽	10654	13720	16855	21887	27540	34345	41982	49124	52809
福建	11997	15978	20269	25710	29988	34779	41029	47625	51629
江西	10020	12620	15653	20032	27967	33718	40129	46303	50507
山东	11055	13900	17988	23448	28995	33935	40609	47786	51329
河南	9409	11520	15187	20378	26070	37875	42977	47361	49788
湖北	10982	13519	17883	22538	28564	34470	40590	47518	50837
湖南	9515	11649	14771	20187	26123	33478	40483	47548	50649
广东	13223	17894	22947	28914	33829	38218	43918	50137	53788
广西	9130	11465	14760	19660	27082	34276	40375	46694	49835
海南	10099	12050	15526	19340	25622	33382	37477	42010	45716
重庆	10257	13178	16688	21427	28594	38338	45534	49230	51671
四川	12524	14200	18107	25235	31337	39074	44437	48280	50738
贵州	8510	12077	13998	18124	22973	28943	36741	44323	47629

省份	2002 年	2004 年	2006 年	2008 年	2010 年	2012 年	2014 年	2016 年	2017 年
云南	8329	10476	13177	18171	23066	29080	38573	43916	46695
陕西	11150	14256	16711	22126	29707	35685	44266	49544	52465
甘肃	7708	9964	12945	18254	24541	33077	39803	47615	50305
青海	7541	9222	11899	17144	22840	31116	35987	45457	44628
宁夏	8022	10050	13234	17051	21371	28584	37015	42495	45009
新疆	10833	13619	17120	22027	26901	32950	38573	45766	50371

注：限于篇幅，在此只列出偶数年份及 2017 年指标测算结果。

资料来源：根据国研网对外贸易数据库及《中国统计年鉴》数据计算而得。

附录 C 2002—2017 年
国内市场一体化水平
变动趋势（基于相邻省份测算）

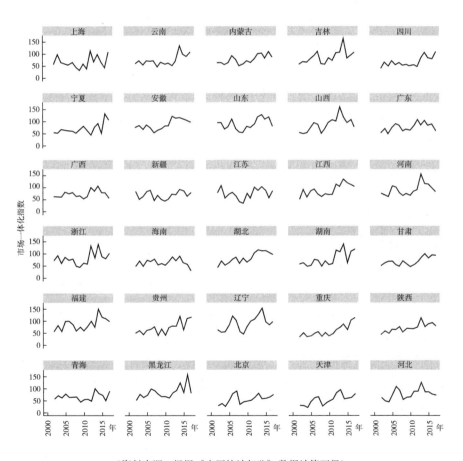

（资料来源：根据《中国统计年鉴》数据计算而得）

后　记

本书是在我的博士论文《中国国内市场一体化对出口技术复杂度的影响研究》基础上修改完成的。

首先，感谢我的导师郎丽华教授。难忘四年中与郎老师共处的点点滴滴，从论文选题、资料搜集、研究设计、论文撰写与修改，到最后定稿，每一个环节无不凝聚着郎老师的学识智慧。郎老师深邃的思想、广阔的视野、严谨的治学态度和从容大度的处世风范，深深地感染和影响着我，激励着我在学术之路披荆斩棘，不断奋进，是我终身治学和为人的楷模与榜样。在四年的博士学习生涯中，我前进的每一步，都离不开郎老师的指导、帮助和鼓励，一句句语重心长的话语，一次次亦师亦友的帮助，温暖而深刻，带给我无尽启迪和感悟，使我走出彷徨与困惑，不断收获成功的喜悦和美好。在此，谨向郎老师表示最真诚的感激并致以崇高的敬意！

其次，感谢所有曾经鼓励、帮助我的老师和同学。首都经济贸易大学张连城教授、杨春学教授、刘宏教授、赵家章教授、闫云凤教授、申萌教授，以及北京师范大学赵春明教授，对我博士论文的写作和修改提出了许多有益的意见和建议，对于完善本书内容提供了很大帮助，在此向他们表示最诚挚的谢意。在博士学习阶段，室友桂莉、王雪祺、张彩琴与我互勉互励。同门师兄焦晓松、王翔，师姐刘妍把他们的论文写作经验传授于我，让我有了更加明确合理的目标与安排。同学赵恒园、马云飞、单海鹏，师妹李雪亚、冯雪、赵灵翡也经常与我进行交流探讨，将其数据资料和研究方法与我分享。他们的深厚情谊我会永远铭记在心。

最后，特别感谢我的家人。感谢我的父母和公婆，他们在生活上给予我关爱和照顾，在精神上给予我支持和鼓励，帮我照顾年幼的孩子。感谢我的爱人张硕，在我读博期间他承担了家庭生活中诸多琐事，他的

196

理解包容和无微不至的爱，是我不断前行的强大动力。女儿张润瑶让我感到愧疚而欣慰，四年中未能对她全身心的投入和陪伴，但她依然乖巧懂事，成绩优异，尊重和支持我的每一个决定，理解体谅我的每一次离开。正是家人的呵护和奉献，使我可以毫无后顾之忧地投入学术研究，如期顺利完成博士学业及本书的出版。

　　本书写作和修改过程中参阅了大量前人和学术界同仁的文献资料，在此一并表示感谢。

　　由于作者水平和时间有限，书中难免会有错误和不妥之处，恳请各位专家学者批评指正，以利于作者对此课题作进一步的深入研究。